青少年人文素质教育丛书

世界冠军是怎样炼成的
SHIJIE GUANJUN SHI ZENYANG LIANCHENG DE

——硚口世界冠军成长故事

国威 李仁惠 ⊙ 编著

武汉出版社
WUHAN PUBLISHING HOUSE

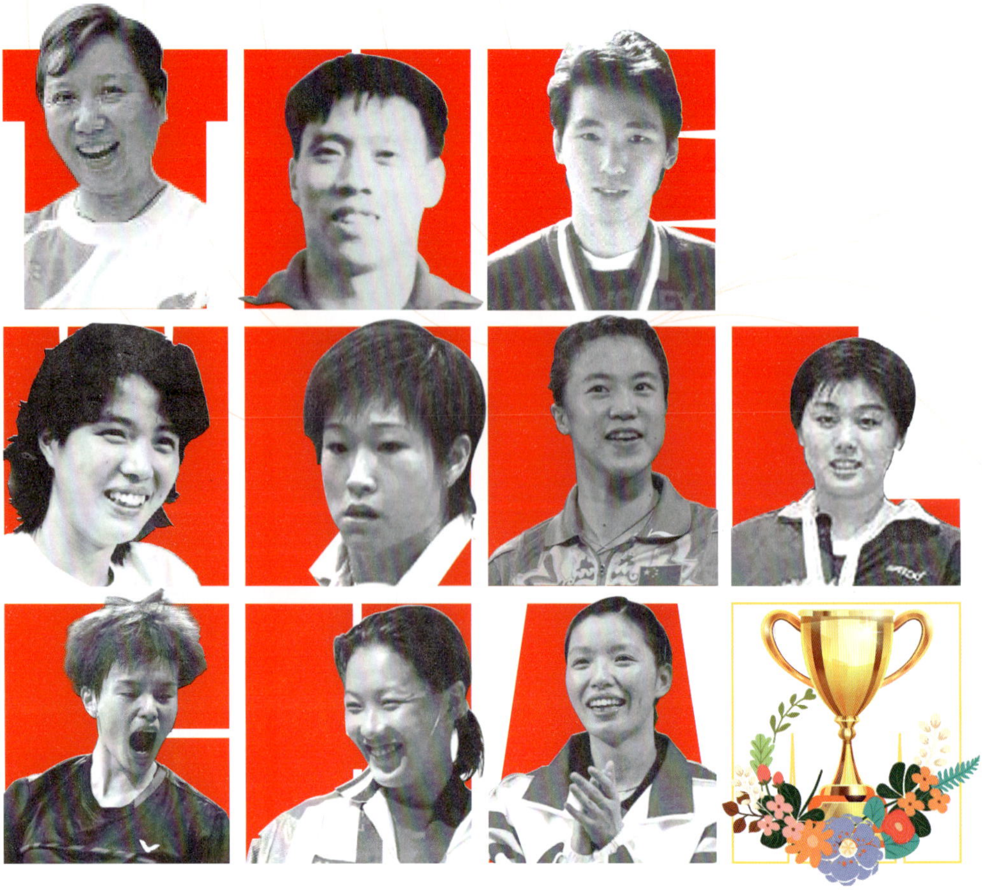

硚口区不愧为世界冠军的摇篮。

—— 伍绍祖

历史瞬间
LISHI SHUNJIAN

❶ 亲切关怀

1992年邓小平接见韩爱萍及其队友

江泽民接见陈静（左一）、胡小新（左二）、乔红（右）

胡锦涛接见肖海亮并合影

❷ 精彩赛场

世界冠军
是怎样炼成的

❸ 生活掠影

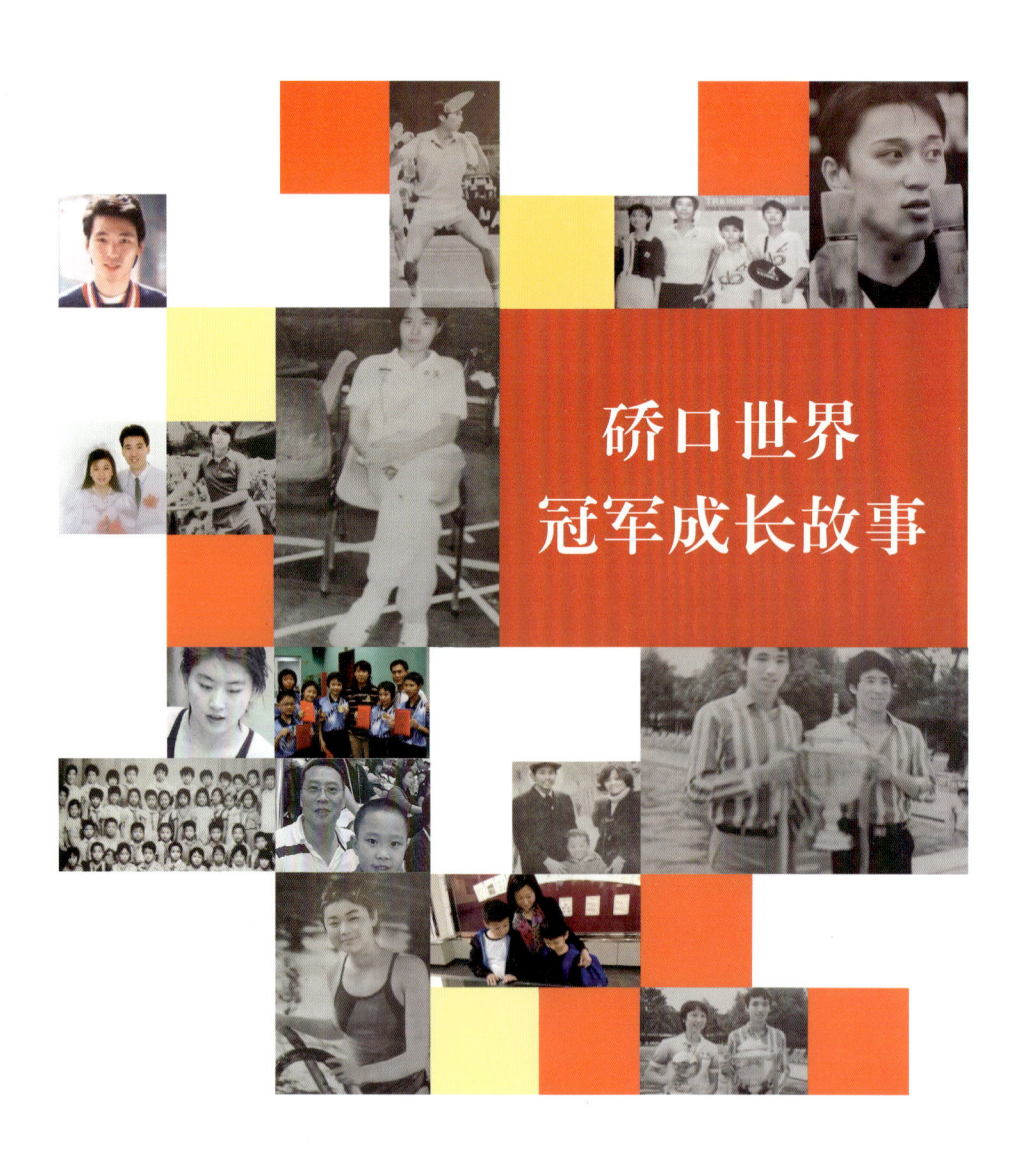

硚口世界冠军成长故事

体育颂

[法]皮埃尔·德·顾拜旦

啊，体育，天神的欢娱，生命的动力！你猝然降临在灰蒙蒙的林间空地，受难者激动不已。你像容光焕发的使者，向暮年人微笑致意。你像高山之巅出现的晨曦，照亮了昏暗的大地。

啊，体育，你就是美丽！你塑造的人体变得高尚还是卑鄙，要看它是被可耻的欲望引向堕落，还是由健康的力量悉心培育。没有匀称协调，便谈不上什么美丽。你的作用无与伦比，可使二者和谐统一；可使人体运动富有节律，使动作变得优美，柔中含有刚毅。

啊，体育，你就是正义！你体现了社会生活中追求不到的公平合理。任何人不可超过速度一分一秒，逾越高度一分一厘，取得成功的关键，只能是体力与精神融为一体。

啊，体育，你就是勇气！肌肉用力的全部含义是勇于搏击。若不为此，敏捷、强健有何用？肌肉发达有何益？我们所说的勇气，不是冒险家押上全部赌注似的蛮干，而是经过慎重的深思熟虑。

啊，体育，你就是荣誉！荣誉的赢得要公正无私，反之便毫无意义。有人要弄见不得人的诡计，以此达到欺骗同伴的目的。但他内心深处受着耻辱的绞缢。有朝一日被人识破，就会落得名声扫地。

啊，体育，你就是乐趣！想起你，内心充满欢喜，血液循环加剧，思路更加开阔，条理更加清晰。你可使忧伤的人散心解闷，你可使快乐的人生活更加甜蜜。

啊，体育，你就是培育人类的沃地！你通过最直接的途径，增强民族体质，矫正畸形躯体，防病患于未然，使运动员得到启迪；让后代长得茁壮有力，继往开来，夺取桂冠的荣誉！

啊，体育，你就是进步！为了人类的日新月异，身体和精神的改变要同时抓起。你规定良好的生活习惯，要求人们对过度行为引起警惕。你告诉人们遵守规则，发挥人类最大的能力而又无损健康的肌体。

啊，体育，你就是和平！你在各民族间建立愉快的联系。你在有节制、有组织、有技艺的体力较量中产生，使全世界的青年学会相互尊重和学习，使不同民族特质成为高尚而公平竞赛的动力。

（詹汝琮　译）

目 录
MULU

序言　　　　　　　　　　　　　　　　　何祚欢

"羽坛宿将"韩爱萍　脚踏实地做人，雷厉风行做事

一、少时磨砺　得遇伯乐　　　　　　　　02
二、青年旋风　光环闪烁　　　　　　　　04
三、反哺桑梓　孜孜于教　　　　　　　　07
四、创建羽校　继往开来　　　　　　　　09

"高空王子"童辉　只要有斗志，不怕没战场

一、华丽转身　　　　　　　　　　　　　15
二、"戏水金童"　　　　　　　　　　　　18
三、荣归故里　　　　　　　　　　　　　21

"体坛双雄"之一田秉毅　心诚志坚，秉性刚毅

一、幸运遇恩师　　　　　　　　　　　　27
二、黄金好搭档　　　　　　　　　　　　31
三、人生转折点　　　　　　　　　　　　35

"凌霜傲雪"尚幅梅 宝剑锋从磨砺出，梅花香自苦寒来

一、长堤兴衰　　　　　　　　　　　　　40
二、"梅开五度"　　　　　　　　　　　43
三、小小球童　　　　　　　　　　　　　45
四、梅香苦寒　　　　　　　　　　　　　47
五、出国执教　　　　　　　　　　　　　50

"乒坛黑马"陈静 价值产生信心，信心产生热忱，热忱征服世界

一、秘密武器"左大刀"　　　　　　　　53
二、毛遂自荐战奥运　　　　　　　　　　58
三、转行从教建球队　　　　　　　　　　61

"拼命三郎"乔红 智慧源于勤奋，伟大出自平凡

一、坚忍的"个性女孩"　　　　　　　　66
二、爱笑的"拼命三郎"　　　　　　　　69
三、公认的"邓乔时代"　　　　　　　　73

"叱咤羽坛"韩晶娜 所谓坚持，就是于困境中坚韧不拔，于逆境中顽强拼搏

一、情有独钟　　　　　　　　　　　　　80
二、艰辛付出　　　　　　　　　　　　　83
三、"东方不败"　　　　　　　　　　　85

"中国蝶后"刘黎敏 不管结果如何，只有失败，没有失败者

一、萌娃喜爱碧绿泳池　　　　　　　　　　**91**

二、超越自我"破茧成蝶"　　　　　　　　**95**

三、"中国蝶后"战绩辉煌　　　　　　　　**98**

奥运"追梦人"肖海亮 拼搏靠自己，前途靠努力，夺冠靠实力

一、编外小队员　　　　　　　　　　　　**103**

二、打拼靠自己　　　　　　　　　　　　**107**

三、奥运追梦人　　　　　　　　　　　　**109**

"跳水皇后"伏明霞 超人的代价换来超人的成绩

一、跳水冠军原怕水　　　　　　　　　　**114**

二、无心插柳柳成荫　　　　　　　　　　**117**

三、奥运生涯"大满贯"　　　　　　　　**120**

"双料冠军"杨维 只有拼出来的努力，没有等出来的辉煌

一、挂"眼科"被教练看中　　　　　　　**126**

二、我是地道的"武汉伢"　　　　　　　**129**

三、分分合合的"恋爱"　　　　　　　　**132**

"中国网球的先驱"李婷 每一次发奋努力的背后，必有加倍的赏赐

一、童年的选择　　　　　　　　　　　　**138**

二、难熬的时刻　　　　　　　　　　　　**142**

三、奥运"零的突破"　　　　　　　　　**145**

"超级大满贯"高崚　只有战胜自我，才能超越自己

一、宝剑锋从磨砺出　　　　　　　　　　　152
二、首战奥运夺冠军　　　　　　　　　　　156
三、女羽的"定海神针"　　　　　　　　　159

"中国体坛新名片"李娜　人要在竞争中求生存，就更要奋斗

一、"法网"夺冠　震撼全球　　　　　　　163
二、"伯乐"领航　港湾温馨　　　　　　　165
三、遍地开花　创造历史　　　　　　　　　167
四、伉俪恩爱　教练"保姆"　　　　　　　170

"跳水王子"胡佳　人生伟业的建立，不在能知，而在能行

一、望子成龙　　　　　　　　　　　　　　175
二、少小离家　　　　　　　　　　　　　　179
三、"拼命三郎"　　　　　　　　　　　　182

编后感　　　　　　　　　　　　　　　　　187
后记　　　　　　　　　　　　　　　　　　197

序 言
XUYAN

熠熠生辉的世界冠军从来都是时代的骄子、民族的英雄，承载着社会对于美好世界的理想。特别是那些在赛场上创造佳绩的体育冠军，更是以超越人类体能极限的优异表现令人倾倒，激励着一代又一代人奋发有为，正视前进路途上的困难，一步一步走上人生的巅峰。

是什么造就了冠军？冠军需要经过怎样的磨炼方能成就？获得冠军是人人都可以企及的梦想吗？我们是否能从对"冠军"的思考中提炼和总结一些惠及广大青少年的智慧？国威和李仁惠撰写的这本《世界冠军是怎样炼成的——硚口世界冠军成长故事》给出了答案。

硚口区被称为"世界冠军的摇篮"，有着独特的地域优势、悠久的体育历史、丰富的体育资源、浓厚的体育情结、完善的体育设施、雄厚的师资力量和享誉世界的"冠军文化"。自 20 世纪 80 年代以来，硚口区先后培育了韩爱萍、童辉、田秉毅、尚幅梅、陈静、乔红、刘黎敏、肖海亮、韩晶娜、伏明霞、杨维、高崚、李婷、李娜、胡佳这 15 位世界体育冠军。这些冠军不仅书写了硚口区精彩而辉煌的体育传奇，还弘扬了艰苦奋斗、顽强拼搏的"冠军文化"和爱国主义、革命英雄主义精神，为硚口区新一代青少年健康成长树立了光辉的榜样。

更快
FASTER

更高
HIGHER

更强
STRONGER

　　《世界冠军是怎样炼成的——硚口世界冠军成长故事》这本书从硚口区世界体育冠军的视角，围绕"冠军是怎样炼成的"这一核心主题，深挖世界冠军走向成功背后的励志故事，给青少年走向冠军之路展示了强大的榜样力量，注入了不竭的精神动力。通过阅读本书，你可以看到这些普通人是如何一步一个脚印走向世界、走上冠军舞台的。你或许会发现成为一个冠军不在于天分或者智商，而在于性格、态度、信念等这些普通人也可以拥有和驾驭的东西。本书通过人们喜闻乐见的故事和图文并茂的形式描述了体育健将走向冠军之路的成长历程，揭开了冠军成功的秘密，为怀有冠军梦想的青少年们指引道路，启迪他们不断超越自我、追求卓越。在当下这个尊重个性与选择的时代，对于每一个志向远大的逐梦者而言，阅读本书既是一次深刻的思想洗礼，也是梦想与激情的重新起航。

　　当你从万千励志书籍中选择拿起这本书翻看时，你一定会感受到它的与众不同：它朴实、厚重，真诚，纯粹。本书用最简洁而又最真实的文字为广大青少年讲述了世界冠军是如何与体育结缘的，是如何训练的，是如何在艰苦的环境中坚持下来的，是如何面对失败和挫折的，又是如何一步一步地走上"冠军之路"的。点点滴滴，汇聚成一个个精彩而生动的人生故事，令人回味无穷。

这本书中描写的世界冠军们不再那么遥不可及，书中的他们都是普通人，只是因为心怀一个伟大的梦想，锚定了一个宏伟的目标，吃尽了常人无法吃的苦，克服了他人难以克服的困难，不断地追求卓越、超越自我，最终才创造了"更快、更高、更强"的奇迹，走上了世界冠军之路。

国威老师从小崇拜体育明星，是在韩爱萍等一批世界冠军的影响下成长起来的一位体育教育工作者。李仁惠先生是硚口区的老人，长期从事党的宣传教育工作，对世界冠军比较熟悉，并对他们进行过多次宣传报道，也对他们有着特殊的感情。本书无论是从立意到措辞，还是从选材到故事，都是国威老师和李仁惠先生精心挑选的，是献给正在茁壮成长的青少年最好的成长礼物。本书内容可以让他们接受冠军精神的洗礼，接受冠军力量的激励，接受冠军价值的熏陶，可以陪伴和帮助每一个平凡的人去实现他们的梦想，让每个人都成为自己心目中的"冠军"。

什么是冠军？"第一名"未必是冠军，那些人格不健全、价值观不正确、精神世界不丰富的人，当不了冠军。真正的冠军是那种自强不息、胸怀天下、顽强拼搏的人。这些人有浓浓的爱国之情，有远大的报国之志，有刻苦训练、奋力拼搏的精神，有自强不息的意志，有勇立潮头的勇气，能够在国际重大比赛中取得举世瞩目的成绩。这些人有敢闯敢试、敢为人先、敢争一流的创新精神，有不怕困难、坚持不懈、拼尽全力的奋进精神，有奥林匹克"更快、更高、更强"的超越精神！这些争先精神化作干事创业的强大精神动力，激励着一代代青少年砥砺奋进，勇于担当，敢为人先，阔步迈向中华民族伟大复兴的新征程！我们坚信：在他们的精神感召鼓舞下，会有更多怀揣梦想的青少年成为下一个冠军，走向全省、全国、全世界，摘金夺银，续写传奇，为中国添彩，为人民增光。

我们幸运地生活在这样一个充满了奇迹的伟大时代，未来的中国将更加繁荣富强，更加自信开放，我们将会创造更加伟大的奇迹。青少年应时刻居安思危，增强忧患意识，要把握机遇，迎接挑战。在未来的奋斗之路上，青少年的精神状态、青少年的伟大梦想、青少年的人生选择，将直接关系到国家的命运。衷心希望每个青少年都能将"冠军精神"真正融入生活、学习和成长过程中去，树立远大的理想抱负，在世界冠军的成长故事之中学习到追求卓越、艰苦奋斗的"冠军精神"，做一个有梦想、敢追求、爱国家、乐奉献的新时代新青年。盼望从这些世界冠军身上，青少年们能学习和保持使世人赞叹的"精、气、神"，发扬自信沉稳的体育健将风度，将"冠军精神"代代相传！

二〇二三年四月十八日

"羽坛宿将" 韩爱萍

脚踏实地做人，雷厉风行做事

"天上九头鸟，地下湖北佬。"这句话常用来形容湖北人的精明和厉害。当年，17岁的韩爱萍，作为"湖北伢""武汉伢""硚口伢"，竟摘得了硚口、武汉乃至湖北的第一个世界冠军——羽毛球世锦赛女子单打冠军，成为世界羽坛的一颗闪亮新星！身负厚望的韩爱萍，驰骋羽坛15年，获奖无数。

她，"以洁白的羽毛寄深情，以青春的激情做动力"！在世界羽坛上，韩爱萍与李玲蔚并驾齐驱，被誉为20世纪80年代称霸世界羽坛的"黄金双子星"。坊间老百姓笑称，正因为有了"双星闪耀护神州"，才力保中国队三捧"尤伯杯"。韩爱萍在1985年短短的一年时间内，就刷新了多项纪录，斩获了国内外羽毛球重大赛事的13枚金牌，这无疑是一个奇迹！由此，国际羽坛权威一致投票决定，将这一年命名为"韩爱萍年"。真是了不起啊！敢问世界上能获得如此殊荣的运动员又有几人呢？

一、少时磨砺　得遇伯乐

"小荷才露尖尖角，早有蜻蜓立上头。"韩爱萍，1962年4月生于武汉市硚口区汉正街的一条老巷中。她9岁开始打羽毛球，进入武汉体育馆业余体校羽毛球训练班，12岁进省队，15岁获全国女单亚军，16岁进入国家队。当年，中国羽坛称她为"可造之人"，圈内对她寄予了厚望。

小学三年级那年，她的母校硚口区大通巷小学成立了羽毛球队，对羽毛球情有独钟的陈福成老师一眼就相中了身材颀长、四肢匀称、眉清目秀但又韧劲十足的韩爱萍。"嘿！好苗子！这小姑娘身上的优点，不正是一

初出茅庐的韩爱萍

个优秀羽毛球运动员需要的吗？"韩爱萍的成功，正是得益于这位"伯乐"——她的启蒙老师陈福成。

在陈老师循循善诱、谆谆教诲之下，原本就聪明机灵的韩爱萍迅速开窍。她凭借着过人的毅力，刻苦训练，忍受着常人难以想象的痛苦。跌倒了，没关系，爬起来再练；磕破了，不碍事，涂点红药水继续练。那时，学校学业抓得很紧，她完全靠业余时间来训练，每天早上6点钟就到学校跑步，放学后也是训练到很晚才回家。由于条件艰苦，晚上学校经常停电，陈老师就在废旧墨水瓶的瓶盖中间凿个洞，穿上棉花搓成的灯捻子，制成小煤油灯。天黑后，小队员们就挤在陈老师自制的小煤油灯下，借着微弱昏暗的灯光进行训练。下雪了，陈老师仍不放松对她们的训练，操场的雪地上，留下了一串串孩子们训练后踩下的深深脚印。寒来暑往，训练从未间断。

在陈老师的悉心调教下，韩爱萍如雨后春笋一般破土而出，迅速地成长起来，球技不断提高，很快就开始在各级比赛中崭露头角。在武汉市中小学羽毛球比赛中，她所在的羽毛球队总是名列前茅，她本人也成了羽毛球队的主力队员。每每回忆起启蒙老师，韩爱萍总是一往情深："没有陈老师给我们打下扎实的基本功，我们就不会出成绩，也就不会有我们这一批世界冠军了。田秉毅、尚幅梅和我，都是大通巷小学陈老师培养出来的，都是他的功劳啊！"

1974年，韩爱萍进入了湖北省羽毛球队。当时，在这批新招的运动员中，她最小，只有12岁，但由于有在大通巷小学陈老师手上打下的基础，韩爱萍的技术一点也不比别人差。她回忆说："1974年，我进入省羽毛球少年队，带我的教练是一位华侨。后来又换成舒金兰教练，也很优秀。我真的运气很好，一路走来，带我的教练，人品、球技都很棒！在我人生的几个关键阶段，都遇到了优秀的教练员。1978年后我进国家队，师从陈玉娘教练。1980年，我拜在陈福寿、王文教这些羽坛响当当的名宿门下，跟着他们不仅学会了打球的技巧，更学会了做人的道理。"

环境太重要了。在这样优秀的环境中成长，韩爱萍如鱼得水，脱颖而出。1976年，年仅15岁的她在全国锦标赛上拿下第二名的好成绩，被誉为那届锦标赛上的"黑马"。1978年，她参加第一届世界杯和第二届羽毛球世锦赛时，以2∶1的比分勇夺女子单打冠军。

"问渠那得清如许，为有源头活水来。"诚如韩爱萍自己所描述的那样："我夺得的每一项荣誉，背后都有着很多领导、教练、队友和工作人员的付出，荣誉不是通过一个人的努力就能够得到的，所以我也特别感谢他们。"每每谈及这个话题，她都感慨良多："师恩难忘啊！倘若没有得到他们的指点，就成就不了今天的韩爱萍！"

二、青年旋风 光环闪烁

人，怎么活都是一生，而辉煌，哪怕是一瞬间的辉煌，都是难得的！韩爱萍深深懂得机遇是可以创造的，实力是靠苦拼、苦练得来的。

谈起韩爱萍，国家羽毛球队前总教练陈福寿总是赞誉有加。这位20世纪50年代初从印尼归国的华侨、中国羽毛球运动的"元老"曾这样评价他的爱将："韩爱萍具有'湖北佬'的作风，肯吃苦，脑子活，谦逊诚实。她身高手长、步法灵活、技术全面、球路多变，进攻速度快，其动作和速度可以与男子选手媲美。"青年时期的韩爱萍，上网步法灵活，扣杀与劈杀均力大且点刁，速度快，进攻威胁极大，常常让对手防不胜防。

1980年，刚满18岁的韩爱萍很轻松就拿到了人生中的第二个世界冠军。面对聚光灯和铺天盖地的欢呼声，她还没来得及高兴，不幸却从天而降，命运仿佛是在考验这个"武汉伢"，居然让她患上了甲状腺亢进症（俗称"甲亢"）。真是天有不测风云，人有旦夕祸

"羽毛球双女皇"韩爱萍（左）与李玲蔚（右）

福啊！"甲亢"对能量消耗巨大的运动员来说影响很大，因为它直接威胁着运动员的心脏。当队医对韩爱萍的运动生涯作出"死刑"宣判的时候，倔强的她一点也"不服周"。

"认准了一件事就一定要做下去，而且要把它做好！"这是韩爱萍的人生格言。面对病魔，她从不认命，而是主动积极配合医生治疗。由于不能跟队训练，她被迫返回省队，并因病退出羽毛球赛场。但退出赛场，并不意味着她就要告别羽毛球。三年中，韩爱萍没有停止过训练，每天在场边观察别人的技术、动作，这对提高她的技术涵养起了潜移默化的作用。三年后，韩爱萍奇迹般地病愈复出，重返赛场。仅仅几个月光景，她便在1983年8月举行的世界杯赛上力克两届全英赛冠军张爱玲，荣登"羽后"宝座，并与张爱玲搭档获得女双冠军。她脚下的冠军之路依然在延续……

1983年8月，韩爱萍在马来西亚举行的第三届世界杯羽毛球锦标赛中，获得女子单打冠军和女子双打冠军（与李玲蔚合作）。次年5月，参加在马来西亚举行的第十届国际羽毛球公开赛，她是获得"尤伯杯"的湖北籍队员之一。尤其是1985年，成为她一生中最幸运的年份。这一年，她是在一连串胜利的快乐中度过的，仿佛全世界羽毛球粉丝们的目光都为她一人而聚焦。她在各种国际羽

毛球大赛中势如破竹，横扫世界精英，努力捍卫了中国队"为国争光、不辱使命"的尊严！她在香港羽毛球公开赛、日本羽毛球大奖赛、瑞典羽毛球公开赛、加拿大第四届羽毛球锦标赛等重大国际比赛中，连获6个女子单打冠军、7个女子双打冠军(与李玲蔚合作)，共夺得13块金牌。在中国香港地区和日本、瑞典、马来西亚、加拿大等赛地都是"双料冠军"。这股"旋风"令国际羽坛为之惊叹不已，世人慷慨地将1985年称为"韩爱萍年"。

十几年间，这个纪录一直未被刷新过。直到20年后，才被另一个姑娘所打破，而她，恰好也是一个"武汉伢"，也是从硚口走出来的一个"羽球奇才"——高崚。

1985年之后，韩爱萍和她的队友们又为中国队争得了不少的荣誉。

1986年，以韩爱萍为主力队员的中国女子羽毛球队，在印度尼西亚再次捧回"尤伯杯"；同年9月，在汉城参加第十届亚洲运动会，获得女子双打冠军。

1987年，在北京第五届世界羽毛球锦标赛中，获得女子单打冠军和女子双打亚军；同年9月，在马来西亚第七届世界杯赛中，获得女子双打亚军和女子单打亚军。

1988年5月，韩爱萍参加马来西亚世界羽毛球锦标赛，为中国第三次蝉联"尤伯杯"立下了汗马功劳。同年，她还先后参加了全英羽毛球锦标赛、555世界杯羽毛球比赛、第二十四届奥运会、马来西亚羽毛球公开赛等国际性重要比赛，均取得优异成绩。

三、反哺桑梓 孜孜于教

"江山代有人才出，各领风骚数百年。"韩爱萍和她的队友们在这一领域里创下的辉煌，不仅开启了一个时代，还引领着一拨又一拨勇攀人生高峰的后来者。

作为一名享誉世界羽坛的著名球星，韩爱萍驰骋沙场 15 年，身经百战，屡建奇功。在世界杯赛、锦标赛和"尤伯杯"团体赛中，13 次获得世界冠军，为我国三次蝉联"尤伯杯"冠军立下了卓越的功勋。自 1983 年以来，韩爱萍连续七次被湖北省评为"湖北十佳运动员"。1992 年，在第四届全运会上，她和她的队友们受到邓小平同志的亲切接见。中国体育界评选出的新中国成立四十周年四十杰运动员、新中国成立五十周年八十杰运动员的光荣榜上，都清晰地印着韩爱萍的名字。韩爱萍是全国"五一劳动奖章"获得者，第六届、第七届全国人民代表大会代表，并在 2013 年当选全国政协委员，五次获得"中华人民共和国体育运动荣誉奖章"。

韩爱萍比赛场上挥汗如雨

1990 年退役后，韩爱萍逐渐淡出了人们的视野。受国家体委委派，她曾先后奔赴日本和新加坡援教，后赴澳大利亚自办羽毛球学校。

东渡扶桑，她遇到的最大障碍是语言不通。于是，她请朋友帮忙找了一所合适的大学，上午学习日语，下午教人打球。靠着这股拼劲，一个月后，她尝试着不要翻译独自教授羽球课程，居然成功地闯过了语言关。韩爱萍在日本羽毛球俱乐部任教时，尽管学员都是业余选手，但"强将手下无弱兵"，队员们经她点拨后，在日本羽毛球比赛中把该拿的奖都拿到了。也就是从那一刻起，藏在她心中的"冠军教练梦"开始复苏："我一定要培养出世界冠军来！"

1993年，悉尼成功申办第27届奥运会。为推进本国羽毛球运动的发展，1994年6月，澳大利亚政府以引进特殊人才的方式向韩爱萍发出邀请。当时，澳洲羽毛球基础薄弱，也没有人把打羽毛球作为一种职业。韩爱萍与当地俱乐部合作，由俱乐部提供场地，韩爱萍自己找生源，培养出的队员代表本俱乐部参加比赛。队员都是业余选手，要训练出专业运动员的成绩，困难可想而知，结果她成功了。在澳洲，她还创办了一所以她的名字命名的羽毛球学校。8年中，她为当地培养了一批高水准的运动员。1998年，澳大利亚政府授予她"澳洲华人成功人士"称号。

2001年，韩爱萍应邀回国参加硚口区的"世界冠军广场"落成典礼。当轮到韩爱萍上台签名、按手模印迹时，一旁的硚口区领导热情邀请她早日回国开办羽毛球学校，共同致力于家乡的体育事业发展。

2002年，湖北省体育局为备战"十运会"，诚邀她担任湖北省女子羽毛球队主教练。这次回国执教，也给了她一个圆"世界冠军教练梦"的机会。在善解人意的丈夫郭鸣的大力支持下，当年11月，踌躇满志的韩爱萍卖掉了位于澳大利亚墨尔本的住宅，并将自己和丈夫一手创办起来的韩爱萍羽毛球学校无偿转让给了聘用教练，随后就踏上了返乡之途。

为什么破釜沉舟也一定要举家搬回武汉？韩爱萍冷静地回答："我这么做，就是逼迫自己不要老想着有退路，必须放胆甩开大步向前冲。"她回武汉不久，首次接受记者采访时说："过去，总是别人为我们付出,现在该是我们回报的时候了。"她的举动让关心她的人都颇为费解,她却坦然地表示:"我是从硚口走出去的,是打小喝着长江水长大的,你知道武汉人怎么夸能干的女人吗?叫'女将'!"到底是大江大湖里熏陶出来的韩爱萍,说起话来和打球的作风一样,果然是干脆利落,铿锵有力。

"召之即来,来之能战,战之必胜!"在归国后的几年里,韩爱萍一心扑到训练中,努力践行着心中的誓言。在她担任总教练期间,湖北羽毛球队在国际重大比赛中共获得8个冠军、5个亚军;在国内比赛中,一人获全运会第一名,一人获全国锦标赛第二名。当面对省队青黄不接的困局时,她主张自内向外、由上向下深挖苗子培养,先后将赵芸蕾、王晓理、李雯等一批人才输送到国家青年队,成为年轻的"国字号"小将。

面对由运动员到"名教"的成功换位,她显得特别恬静淡然;面对摄像镜头时,她总是习惯于摆手制止:"别总拍我一人,我们可是一个团队。成绩的取得,严格来说是很多位教练一起努力的结果。"朴实的话语中没有丝毫虚假与浮夸,诚如她心里所想的那样,大家是一个团队,只有心往一处想,劲往一处使,尽最大努力,才能实现湖北羽毛球事业新的腾飞!

四、创建羽校 继往开来

2002年初,硚口区教育局有意将东方红小学与营房村小学合并,进行资源优化整合,而这又恰好给了韩爱萍另一个圆梦的机会——在自己的家乡建一所以"韩爱萍"名字命名的羽毛球学校。在硚口区委、区政府的鼎力支持下,授权东方红小学和韩爱萍合作，共同创办了一所以羽毛球为特色的全日制普通小学和韩爱萍羽毛球俱乐部，从事羽毛球训练和比赛，以培养更多的羽毛球人才。

新诞生的学校实行"一校挂双牌"，即"韩爱萍羽毛球学校"和"硚口区东方红小学"，实行董事会领导下的校长负责制：由世界冠军韩爱萍女士出任该校董事长一职，由东方红小学原校长王干武先生出任该校执行董事兼校长一职（法人代表）。整个学校分为运动区、教学区和休息区三大片，拥有12片国家标准级训练场地，其中包括室内羽毛球馆、现代化教学楼、多功能健身房、室外塑胶跑道、配套设施齐全的学生食堂、环境优雅的运动员宿舍、多媒体学生电脑室、科学实验室、科学仪器室以及教师电子阅览室等。

在韩爱萍眼里，学校应该是不以营利为目的的公益性学校。该

位于硚口汉江湾公园内的韩爱萍羽毛球馆

校除承担辖区内义务教育责任外，其重要任务是"体教结合，合作育人"，为家乡培养更多的羽毛球后备人才。建校之初，全校学生不到600人，其中一个班是从全国各地招进来的羽毛球苗子。至2014年，学生人数达到1000多人。其中，羽毛球后备人才班从最初的28人增加到180人。他们主要代表武汉硚口参加市级、省级各类竞赛，通常上午上课，下午训练，周二、周四进行体能训练，周一、周三、周五练习羽毛球技术，每天晚上还要在专门老师的指导下复习完当天的所有功课。

该校场馆的管理、维修费用，教练员的薪资，小运动员们的衣食住行以及参加竞赛的费用等，都需要大量的资金来维系，怎么办？国家也有困难，不能再向政府伸手要了，必须学会自己解决。

2006年，韩爱萍果断挂牌成立羽毛球俱乐部，引进国外先进制度，严格管理，竞争上岗。对内向小学生开放训练，对外以会员制面向全社会明码实价、公开收费。俱乐部由她的丈夫郭鸣担任总经理一职，韩爱萍则把重心放在省队的训练上，一有机会，她就来指导俱乐部的建设，定期和小队员们做交流。在俱乐部高薪聘请教练问题上，韩爱萍提出了自己的想法："能不能自己也培训出一拨有素质有潜力的羽毛球教练员呢？"说干就干，她首先到武汉体院挑选具有教师资格证的应届大学毕业生来执教，接下来聘请老教练员一对一地指导这些新兵上课。她还坚持亲自上课，通常一周一次示范课，一月一次指导课，并组织年轻教练员们开展教研活动，使这些有功底的年轻教练员们很快就成长起来。教练员长期和小队员们吃住生活在一起，和孩子们也建立起了深厚的情感，训练起来更容易像大哥哥、大姐姐般深入内心去照顾、关心、爱护他们。俱乐部建立后，她坚持每年从俱乐部抽出20万元资金，无偿补贴小运动员和青年教练员的各项生活、培训、出国交流等经费支出。

可喜的是，这些小运动员们代表硚口参加武汉市青少年羽毛球锦标赛，6次获得团体冠军，并为省队、市队各输送5人。余冰晶等人因获得省、市级羽毛球大赛佳绩，作为"羽球小人才"直接引进到新加坡等国。在小小年纪就开始了海外留学生涯的队员中，有两个令韩爱萍骄傲的名字——郭毓姗和韩雅璐。她这两个女儿特别懂事，都是从妈妈学校毕业后，加入海外军团的。谈到未来设想，韩爱萍首先想到的是设立奖学金，她更多地关注流动人口、农民工子弟以及困难低保户等这些社会底层的家庭，不漏掉每一个有羽毛球发展潜力的孩子。她的另一个宏伟蓝图是由她自己牵头筹办"武汉8+1城市圈"青少年羽毛球比赛，以期推动羽毛球事业的跨区域交流，更有利于湖北省羽毛球事业的发展。

　　一个偶然的机会，韩爱萍加入了民主党派致公党，并成为致公党省委副主委和省统战理论研究会副会长。2006年8月，韩爱萍担任湖北省体育局青少处副处长，后被调整到群体处任副处长。2013年，韩爱萍当选全国政协委员，积极履职建言献策，如实反映社情民意。

　　2014年3月1日，作为湖北省41名全国政协委员中唯一的体育界别委员，韩爱萍随团到京，参加全国政协十二届二次会议。她的提案更多关注全民健身，她说："改革开放以来，各类群众体育指导站、辅导站、晨晚练点等，在街头巷尾、公园广场、社区、乡镇随处可见，这些健身站点为满足老百姓多样化的健身需求发挥了极其重要的作用。而我国目前的社会体育指导员也达到了140多万人，要通过健身站点发挥出他们的作用，让全民健身、科学健身深入人心。"

　　海纳百川，有容乃大；壁立千仞，无欲则刚！韩爱萍，一个从硚口走出去又全身心回归硚口的人，历经运动员、世界冠军、教练员、公务员、政府官员、民主党派成员等各种身份，直至成为全国人大代表、全国政协委员。她的每一次华丽转身，看似机缘巧合，实则历经千辛万苦。"上帝"总是青睐有准备之人！武汉"女将"韩爱萍"脚踏实地做人，雷厉风行做事"的风格依旧不变，不断创下"九头鸟"新的辉煌！

  2016年，韩爱萍不幸罹患肺癌。患病期间，她仍然关心羽毛球学校的工作和青少年羽毛球人才的培养，关心着中国羽毛球事业的发展。在与病魔搏斗三年后，共和国的这位"羽后"永远地离开了我们，享年57岁。

"高空王子" 童辉

只要有斗志，不怕没战场

　　人生之初，摆在面前的道路千万条，你可以自己选择，但很多人受到家庭、老师和朋友的影响和制约，改变了最初的选择。改变之后，有的人走上了风平浪静的凡人之路，平凡地度过了自己的一生；有的人却走上了超人之路，登峰造极，浓墨重彩地留下了一笔。"高空王子"童辉就属于后一种人。

一、华丽转身

童辉出生于 1963 年，1972 年进入武汉体育馆业余体校学习，1977 年进入湖北队，同年被选入国家队。据父亲童安华介绍，孩子从小就好动，整天不停地跑跑跳跳，打打闹闹，是个"捣蛋鬼"，父母甚至怀疑他有多动症。

童辉 7 岁时进入硚口区利济北路小学读书。9 岁那年，他在学校被体操教练周松林偶然发现。当年，周教练是到学校选低年级学生的，想挑一挑，看一看哪个学生跑得快。因为童辉在学校是跑得最快的，班主任高云华就推荐了他。周松林教练当场让童辉在操场上跑了跑，觉得还不错，就问童辉愿不愿意去练体操。童辉眨巴着眼睛问："什么是体操？好玩我就去。"周教练笑眯眯地说："好玩，当然好玩了！"童辉也笑嘻嘻地答应了。这两代人的沟通也简单，以是否"好玩"为标准做了一个重大的决定，也的确好玩得很。好玩之处，就在于充满童趣的轻松中居然蕴含着偶然和必然的人生哲理。

童辉至今还记得，那天周教练带他去了体操房。他一看吊环、高低杠、鞍马、蹦床、平衡木，还有宽阔的地毯——自由体操垫，就感觉这里的确好玩，周教练还真没有骗人！那时他便暗下决心，要在这里好好"玩一玩"了。童辉还记得，周教练要他回去跟父母说一下。回家后，童辉便跟父母说了，父母也提不出反对的意见，反正自己的孩子放了学也没什么事干，让孩子锻炼一下身体没什么不好的。从此，童辉在周教练的指导下，开始练习体操，每星期要练三次。

人的命运，有时真的是由一个或者若干个偶然决定的。童辉的体育运动之路，就充满着"偶然"带来的艰辛与快乐。在他11岁那年由学体操改学跳水就是命运的巧遇。说来有趣，这位跳水冠军，11岁才开始识水性、练跳水。然而"戏水金童"最后竟然梦想成真。

童辉没有成为体操运动员而成了国际级跳水冠军，就是缘于一次偶然，或者说得之于一个机遇。当年，中国正值"文化大革命"时期，每个教练都要轮流去"五七干校"锻炼，轮到周教练时，他就没办法再教孩子们了。教练不在，练体操的孩子简直成了一群散漫的猴子。有的去体操房活蹦乱跳，有的串门到跳水队看人家训练，童辉就在其中。

与体操队毗邻的跳水队教练是肖爱山。他注意到了这些孩子，觉得这几个孩子不错，于是问道："你们哪天有兴趣，我教你们跳水。"就这样，11岁的童辉被肖爱山"挖"了过去，从此就练习跳水了。

好萌啊，真的是太酷了！头上是蓝天，脚下是碧水，多么美好，简直就是梦幻般的色彩！就在这时，"命运之神"又一次眷顾了他。

不管是体操还是跳水都是在练专业体育，只要童辉喜欢，他的父亲童安华和母亲国美琴都不反对。因为按照当时的国家政策，如果一个家庭有人练专业体育，就可以不用"下放"农村。儿子由学体操改学跳水以后，夫妇俩经常鼓励小童辉要放下包袱，勤学苦练，努力学会为国争光的本领。正是这些关爱和教诲，让童辉迈出了通向世界冠军领奖台的第一步……

童辉的父母不大懂体育，但十分支持儿子"玩"体育。童辉的父亲是税务局的，在发掘儿子的体育潜能上出不上力，童辉的母亲却认为，既然专业人士说儿子可以，那就应该相信他们。她鼓励儿子说："童辉，你走得越远越好，走得越远说明你越能出成果；你走得越远，证明你自己越有闯荡世界的能力。"

无疑，父母的支持，尤其是母亲那朴素而颇有远见的鼓励，对童辉是一种莫大的推动力。于是，他每天除了正常训练之外，放学后常和小伙伴们在绿茵场上翻筋斗、打八叉，练就了矫健的体格、灵活的身手。

据童辉回忆，自己当时在武汉体育馆练跳水，"那还是个露天的场馆，站在10米台上可以看到江汉桥（汉江一桥）。那时条件很艰苦，我记得有一次我还睡在10米台上，结果第二天被窝都被露水打湿了"。

童辉被肖爱山教练带了两年后，于1977年离开武汉进了国家队，成为梁伯熙教练门下的爱将。这也是他真正运动生涯的开始，当年童辉刚14岁，却受到时任国家跳水队总教练梁伯熙的垂青。梁伯熙是20世纪50年代到70年代赫赫有名的教练，这应该也算是给童辉辉煌人生增添光彩的一次偶然机会吧！

表面看起来童辉活蹦乱跳的，其实他小时候胆子特小，加上跳水这项运动是要从高处往下跳的，稍微有点恐高症的人，不要说跳，就是沿着梯子爬上去站着，都会吓得腿直抖。

俗话说，世上的东西，最柔的不过水。但在跳水时如果角度不对，入水时也会被水"拍"得很痛。童辉刚进国家队的第二年，做跳水动作时，就连续被拍了好几下，水面如同冰冷的石板，把童辉的脊背拍得疼痛难忍。童辉当时就感觉害怕了,教练可不管这些,坚持要他跳,并半开玩笑半认真地"吓唬"他说:"你不跳,我就把你送回去。"话传到童妈妈耳朵里,她还真着急了,对儿子说:"童辉呀,别人能跳你为什么不能跳?胆子这么小啊,你把父母的脸面往哪里搁呀?"

这一招还真奏效,小童辉最怕的就是父母担心自己不争气:"生养你的人求你做好这件事,你难道都做不好?"于是,他就这么硬着头皮跳下去……当然,万事开头难,以后,童辉自然再也没怕过,就是在其后的运动生涯里,碰到过无数大大小小的困难,他也再没跟父母说过,总是坚持自己独立解决。童妈妈心疼地说:"儿子噢,怎么你越长大,我们之间的交流倒是越少了啊……"童辉说:"训练上的事根本不需要跟您说,跟您说,只能让您担心。"

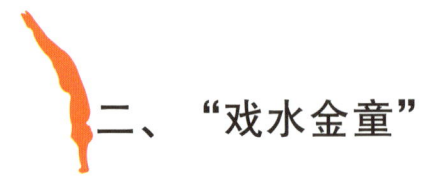

二、"戏水金童"

人生的每一次经历,对每个人的成长其实都是有一定益处的。在童辉的体育生涯中,有那么一小段练体操的经历,倒真有些益处:打下了翻腾、转体等多方面的基本功,这使得童辉以后练起跳水来,竟有如虎添翼、如鱼得水般的驾轻就熟之感。

1979年,刚有两年跳水经验的童辉就以优美高雅的空中动作、绝妙的压水花技术,夺得第4届全运会男子跳台冠军。这年,他仅16岁,是全运会历史上最年轻的跳水冠军。从1982年开始,他又在亚洲和国际跳水项目上显露身手,在第9届、第10届亚运会上连续获得男子10米跳台冠军。1983年,在第3届世界杯跳水比赛中,他与队友合力获得男女混合团体冠军和男子团体亚军。

"戏水金童"的美誉从此在中国跳水界传开了。

也许是首次成功来得太容易的缘故吧，童辉在以后的几次世界大赛上，却暴露出心理素质差的问题，总是在关键时刻功亏一篑。在1983年第12届世界大学生运动会上，他与"世界跳水之王"——美国的跳水名将洛加尼斯同场较量。前几个动作，童辉一路领先，眼看"洛加尼斯不可战胜"的神话就要破灭了，童辉在做最后一个207C动作时，由于求胜心切，身体过早打开，溅起巨大的水花，总分一下掉至第三，最终只得了一枚铜牌。在1984年洛杉矶奥运会上，童辉重蹈覆辙，又因一次关键性失误，仅获第四名。

面对多次挫折，童辉没有气馁。他请教了心理学家，了解到自己要提高心理素质，首先要提高抗干扰的能力。于是，他买来一部收录机，每次比赛前夕，总是独坐一隅，静心欣赏音乐，不让自己分心。平时训练，他站在跳台上准备起跳时，就请队友们大声嚷嚷、起哄，以锻炼自己的抗干扰能力。

就这样，久经磨炼的童辉终于

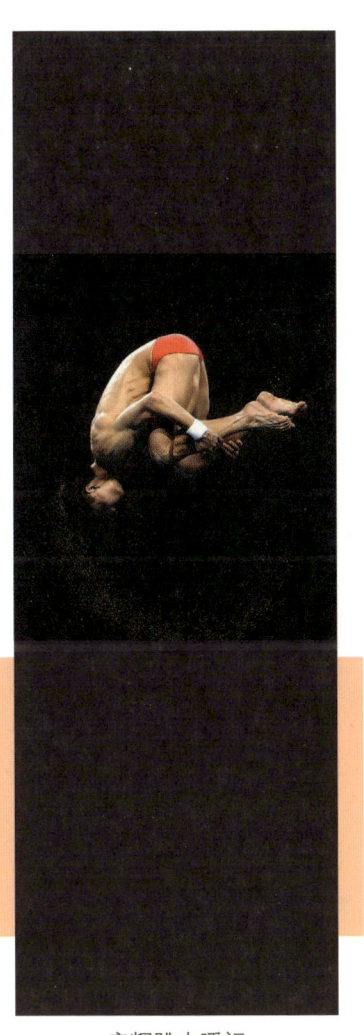

童辉跳水瞬间

成熟了。1984年，他在第2届亚洲游泳锦标赛上获得跳台跳水冠军。1985年，在上海举行的第4届世界杯跳水赛上，童辉发挥出了高超的水平，夺得男子跳台冠军，并和队友合作，夺得了男子团体、男女混合团体两项冠军。同年，他在神户第13届世界大学生运动会上获得跳台跳水金牌。1986年，童辉在汉城举行的第10届亚运会上再显身手，以绝对优势夺得男子跳台冠军。1987年4月，在第5届世界杯跳水比赛中，童辉为祖国再次赢得男子跳台跳水冠军，也是中国队获得男女混合团体冠军和男子团体冠军的主要成员。

春耕夏耘，辛勤付出之后，他开始收获了。

年轻时的童辉曾经取得过辉煌的战绩。在20世纪80年代，他曾多次获得跳水世界冠军，三次荣获"全国跳水十佳运动员"称号，获得国家体委颁发的体育运动荣誉奖章。

1988年1月，世界权威杂志美国《游泳世界》评选1987年度4名世界最佳跳水运动员，童辉高居男子跳水运动员榜首，这是中国男子跳水运动员首次获此殊荣。

1988年，童辉获得全国"五一劳动奖章"后，立马返回高高的10米跳台，投入备战世界杯跳水赛的紧张集训，并为祖国再夺金牌。

1987年4月，在开满郁金香的荷兰中部小城阿默斯福特，第5届世界杯跳水赛就要拉开战幕了。在精英荟萃的中国队中就有上届男子跳台冠军童辉。不幸的是，在此次出征前，他的腿部在一次训练中严重受伤，这次到荷兰，腿上仍然缠着纱布。在4月21日的团体比赛中，童辉因伤病拖了全队的后腿，中国男队仅列第三。

在荷兰这座小城的希尔顿饭店中国跳水队教练下榻的房间里，气氛显得有些压抑。教练们产生了分歧：是降低童辉在个人赛中的动作难度系数，还是不降低？各有各的理由，一时争执不休。如果降低此次的动作难度系数，就会减小此次夺冠的保险系数；不过从长远看，这有益于优秀选手的身体健康……正在教练们难以抉择时，童辉突然闯了进来，主动请战："教练，我的腿伤刚打了封闭，不碍事了。明天个人赛我想加大难度，拼个冠军……"平素寡言少语的童辉，眼下居然慷慨激昂、迎难而上，这就是他的性格！教练们相互看了看，默许了这个大胆的比赛战术。

时间来到4月23日，跳水比赛现场早已人头攒动，人声鼎沸。男子跳台决赛即将进行最后一个自选动作的角逐。童辉，这位身材匀称、眉宇坚毅、具有帅哥范儿的中国健将，沿着阶梯，英姿勃勃地走向10米跳台。所有观众的目光都凝聚在他身上，在前面的一系列高难度动作中，童辉征服了对手，征服了观众，只要这个动作成功，冠军毫无疑问就是他的了。只见童辉站在跳台前端，静默片刻，调匀了呼吸，突然，他腾空跃起，宛如一只矫健的山鹰，漂亮地向后翻腾一周半转体三周半，完美地跳入水中，这一神奇绝妙的表演使全场沸腾起来。童辉终于以罕见的高分赢得了比赛，成为世界杯跳水赛上第一个蝉联冠军的选手，实现了他自己的梦想！

三、荣归故里

1989年，26岁的童辉退役告别跳台，就在这一年，中华全国体育总会和中国游泳协会特授予他"跳水功勋运动员"称号。不久后他又出国，至此，一代"戏水金童"淡出了人们的视野。

2002年的珠海跳水馆里，正在举行一场国际跳水比赛。童辉突然出现在人们视野里。当然，他不是来跳水的，而是带着外国弟子来参加比赛。

原来，早在1990年初，当年有"高空王子"美称的童辉就前往加拿大，在当地的跳水俱乐部担任教练。2001年，童辉又"跳槽"到澳大利亚，成为布里斯班跳水中心的教练。在童辉的带领下，澳大利亚人在跳水项目上开始"飞跃"：他们在2000年悉尼奥运会获得两枚铜牌；在2004年雅典奥运会上7人参赛，6人拿到奖牌，童辉的弟子纽贝里在女子10米跳台上战胜了中国名将劳丽诗夺金；在北京奥运会上，澳大利亚再斩获"一金一银"，童辉被澳媒誉为"澳大利亚跳水之父"。

说起北京奥运会，童辉语气很自豪："我在国外生活时间比较长，深感西方多数人对中国的了解不深，甚至有误解和偏见，北京奥运会是让世界全面和深入了解中国的一个极好的机会。"有记者问童辉："你作为中国培养出来的优秀运动员，曾为中国体育事业增光添彩，但又带领外国选手到北京与中国队争夺金牌，对这种人生角色的转换，你有何感想和看法？"童辉说："中国退役运动员到外国执教，证明了中国体育的强大，同时也促进了世界体育的发展，促进了东西方之间的交流。人家请我当教练，我也是沾了祖国的光，没有国家的培养，我到不了今天。"

童辉是一个地地道道的"武汉伢"。在2011年的上海游泳世锦赛跳水赛场，武汉一家新闻单位的记者采访了这位传奇人物。面对来自家乡的媒体，童辉用久违了的武汉腔，向记者讲述了一个"平凡"的中国跳水人在海外的那些"不平凡"之事。当听到记者用武汉话打招呼时，刚刚还在跟澳大利亚同伴用英文交流的童辉也有些吃惊。从英文到汉语，从普通话再到武汉话，童辉仅用了几十秒的时间，"太久有跟别个说武汉话，有点生疏了。"童辉边说边笑。

在海外漂泊了20多年的童辉，在谈到武汉这个既熟悉又陌生的城市时回忆说："13岁之前，我是在武汉度过的，青少年时期我在北京度过，青壮年时期在加拿大度过，逐渐老成是在澳洲。"说起武汉，童辉眼中闪烁着兴奋，"上一次回武汉还是北京奥运会之前，我简直搞晕了，武汉的变化太大，我哥哥家住在硚口武胜路一带，我当时一到那边都'苕'了，随么事都不晓得，变化真是太大了。这次世锦赛结束后，我会回武汉去看一看。"

童辉的妻子是他以前在中国国家队的队友，两人共育有一儿一女。在他随身携带的平板电脑中存着一家人的视频和照片。"我给你们看看我的宝贝吧。我每到一个地方都带着这些东西，这对于我来说是最有成就感的。我们家有点像联合国，我是武汉的，我爱人是福建的，我大女儿童欣在加拿大出生，小儿子在澳大利亚出生。"童辉笑着说，"我虽然身在澳大利亚，却过着跟中国国家集训队一样顾不了家的生活，所以非常感谢我的太太，我能这样专注于工作，离不开我太太的支持。她现在是专职的家庭主妇，两个孩子都要她带，我很歉疚，也非常感激她。"对于一个长年在外漂泊的人来说，家就是最温暖的地方。

2004年，在雅典奥运会后，童辉回到了武汉。9月23日上午，他来到硚口区档案局，将自己运动生涯中获得的29枚奖牌、4个奖杯、3本荣誉证书及大量照片共158件物品，捐赠给硚口区档案馆永久保存。这说起来还有一段有趣的故事呢。

据硚口区档案馆副调研员王国斌说，他的妻子曾和童辉的嫂子是同事。2004年，硚口区档案馆开始为从硚口走出的体育名人建档案。这年秋天，王国斌通过童辉嫂子牵线，上门拜访了回汉探亲的童辉。此时，童辉已是澳大利亚跳水队总教练。由于长年身居海外，其运动生涯中所获奖牌奖杯悉数由他的嫂子保管。当嫂子告诉他放在武昌家中的奖牌遗失了两枚时，童辉说："唉，好可惜啊！"

当硚口区档案馆提出能否将这些奖牌交由档案馆托管时，童辉

童辉和儿子

透露，此前省体育局和国家体育总局也曾有意收藏这些实物。但他表示，自己对家乡感情深厚，愿意将这些奖牌、奖杯和证书全部捐赠给家乡硚口。他说，除了替这些"宝贝"找到一个妥善的保管地外，还希望能让辖区青少年看看这些奖牌，起到一定的激励作用。据王国斌说，目前，硚口的十几位世界冠军都建立了档案，征集来的实物及照片达千余件。直到今天，硚口区档案馆与童辉还一直保持着联系。

2006年，硚口宝丰路人民体育广场建成，童辉等十几位世界冠军的名字被刻于广场。2008年奥运会前夕，童辉回汉，硚口区档案馆曾派人陪同他参观体育广场，当时他说："谢谢家乡人记得我！"

2017年，童辉带回"中奥国际健体中心"重点体育项目，拟投资21亿元，在硚口打造全中国最大的体育湿地公园和中国首个世界级的水上运动训练康疗基地。

同年4月，湖北省领导率团到澳大利亚昆士兰州招商，见到了童辉。武汉市招商局和硚口区招商局、文体局领导找到澳籍华人韦敏，介绍了硚口健康体育产业发展的详细规划。该规划打动了韦敏和童辉，他们决定回家乡进行体育科研开发和体育产业投资。童辉在对武汉本地的体育场馆和体育设施进行了充分调研之后决定，联合光大财富（北京）投资基金管理有限公司、中财金控投资有限公司共同在硚口投资建设"中奥国际健体中心"和"冠军体育公园"，回馈家乡父老。

澳运（武汉）体育发展有限公司由童辉和韦敏共同出资设立，两人都是土生土长的武汉人，青少年时期都是在硚口度过，他们还是武汉市第十一中学校友。他们帮助硚口区乃至整个武汉市在竞技体育领域和科研领域达到世界领先水准，让"世界冠军摇篮"的荣誉继续保持并发扬光大。

"体坛双雄"之一 田秉毅

心诚志坚，秉性刚毅

羽毛球是硚口区的优势体育项目，涌现了田秉毅、韩爱萍、尚幅梅、高崚、杨维、韩晶娜等众多羽毛球奥运冠军、世界冠军，在中国羽毛球运动史上是值得大书特书的。他们在国内外各项比赛中都取得了骄人的成绩，在众多竞技场都有不朽的建树。田秉毅就是其中的王者，他是"国羽"永远的骄傲。

一、幸运遇恩师

田秉毅 1963 年 7 月 30 日出生于湖北武汉，是从硚口区汉正街一条古巷中走出来的"骄子"。

1969 年，他进入硚口区大通巷小学读书。打小田秉毅读书就非常用心，从不让家人多操心，在学校是体育运动的积极分子，长、短跑成绩都很优秀，参加学校运动会总能拿奖状回家，整整贴满了一面墙。小学三年级那年，9 岁的田秉毅被大通巷小学体育老师陈福成看中，选进了校羽毛球队。陈福成是从新加坡归国的体育老师，他看中了田秉毅的身材，瘦瘦长长，又有运动天赋。最让陈老师满意的是他的个性，老实本分，少言寡语，意志坚强，天生具备运动员的韧性，尤其是他对羽毛球怀有天生的兴趣。

起初，家里人并不赞成他参加球队训练，因为从事体育运动非常艰辛，而且费力不讨好，又耽误学业，如果搞不出名堂来，将来

田秉毅

在社会上就没有前途。人们潜意识里更多的是追求现实，好好读书或者学门手艺，好找个稳定的工作，以备将来衣食无忧。陈老师知道后，就跑到他家里，做其父母的工作。就这样，他随陈老师开始了3年的业余训练。

每天下午三四点钟，一群对羽毛球感兴趣又有发展潜力的小队员们集中在一起，由陈老师按照自己的方法，教他们打球。那时，学校没有场地，陈老师就在业余体校借了两块场地。为了充分利用得来不易的场地，陈老师把每天训练的时间掐得准准的：几点钟放学，从学校走到体校路上需要多少时间，他心知肚明，使每个学生都来不得半点马虎。当时条件很艰苦，很少有实球练习，教练就在大厅门口的门楣上吊起一只毛线球让他们反复抽打；或在门外划定一块场地，让他们不停地前后左右来回滑步，一个小时下来，浑身上下没有一处不是湿的。鞋底磨穿了磨脚板，脚板磨破了皮，起了血泡，继而又磨成了厚茧……

过了一段时间，田秉毅的妈妈还是不大愿意让自己的儿子去练球。家里三个孩子中，秉毅最小。俗话说，"父母疼的是幺"。"幺"就是最小的孩子，在中国人的传统观念里，看重儿子是普遍现象。田家也不例外，更何况就这么一个儿子，而且是老幺，所以家里老老少少，都把他当作宝贝疙瘩。当然，妈妈主要是考虑到，当学生就应该以学业为主，没有文化知识将来如何生存？特别是，自打秉毅开始练习羽毛球就好像失去了天真活泼的天性，没有一点自由时间。别人家的孩子放学回家，能与小伙伴们在巷子口蹦蹦跳跳，可秉毅不行，一放学就被老师召去练球。夜晚回来，别人家的孩子早都睡觉了，而他还要摊开书本赶做家庭作业。在妈妈看来，儿子硬是要比别人家孩子多一份辛苦。

说起田秉毅小时候的故事，如今年事已高的田母张桃英还感慨万分："三年级时，听说要参加羽毛球队，就担心孩子的身体吃不消，营养跟不上，既苦了家庭，也苦了孩子，更担心孩子在训练中受伤，生怕落下后遗症。没想到，陈老师三天两头找上门来做工作，说秉毅是个羽毛球运动的好苗子，请家长放心，他一定会认真负责地带好他们。没有办法，也只好同意。心想，老师总不至于害学生吧！"

田秉毅的父亲田云涛，是原武汉乒乓球厂的工人，生前对唯一的儿子从不溺爱，总觉得男孩子从小就得学会吃苦，懂得承受。所以，当田秉毅爱上羽毛球运动后，他始终用特别的父爱鼓励田秉毅茁壮成长。有一年中秋节，小秉毅因训练不能按时回家吃饭，田云涛就用饭盒送到业余体校。他看见孩子们正在教练的督促下在场地上来回奔跑，累得满头大汗，整个儿像是刚从水里捞出来的落汤鸡，渴了就就着水龙头喝上几口自来水。田云涛看到这些，心里真说不出是什么滋味。刚一转身，正巧碰到陈福成老师来业余体校看秉毅他们的训练情况。陈老师好像已经明白了田云涛的来意，板着脸说："耽误一顿饭，不会饿死你儿子的。"这一次的尴尬经历，使田云涛知道教练为什么那么"狠心"了，那是为了造就人才呀！

打那以后，田云涛再也不去管小秉毅有多苦、有多累了，只在家里尽其所能为他补充营养。那年月，家里上有老下有小，生活条件差，什么东西都靠计划供应，一个人一个月才有一斤肉的指标，鸡蛋还得凭票购买。全家人仅靠微薄

运动场上的田秉毅严阵以待

的工资生活,但为了小秉毅能有一个好身体,父母啥都舍得,两个姐姐也只有看他吃的份儿。

回首那段艰苦岁月,田秉毅说:"那时,我们的年纪还小,有时从下午3点练到晚上8点多,肚子很饿,陈老师就让我们跑到厕所喝自来水,咕咚咕咚……有了一肚子水,便能坚持到底了。有段时间每天都练得很晚,父母怕耽误功课,不让我再去打球。结果,陈老师又跑到我家,我父母被他的诚意感动了,最终同意让我继续打球……可以说如果没有当时打下的坚实基础,就不会有我今天的成绩。"

20世纪70年代初,11岁的田秉毅与韩爱萍、尚幅梅等一同进入武汉体育馆业余体育学校。业余体校的训练就更紧张了,放学的铃声一响,他要立马赶到业余体校去,去晚了教练还要罚做辅助练习,往往是路过家门而不能入。有时候回到家里,他丢下书包,拿上两个冷馒头,边走边啃,走到业余体校时刚好吃完,都来不及找口开水喝,只好就

年轻时的田秉毅

着水龙头喝上几口自来水就立马投入训练。遇到星期天或是节假日,家里做好的满桌饭菜也难得等到他回来。那小小羽毛球,几乎占据了田秉毅的整个童年。

田秉毅后来回忆说:"我遇上了一位令人敬佩、改变我一生的恩师。陈老师不仅培养了我,还培养了韩爱萍、尚幅梅等世界冠军,以及十多名省级教练。他为中国的羽毛球事业作出了很大的贡献……遗憾的是,陈老师患鼻癌去世了,当时还不到50岁。不过,令人欣慰的是,他离开这个世界时,已经看到我登上了世界冠军的领奖台。我想,这算是对老师最好的报答吧!"

二、黄金好搭档

1976年，13岁的田秉毅进入武昌体育场业余体校羽毛球重点班接受专业训练，白天则在阅马场中学上文化课。

1978年，15岁的他调到湖北省队。田秉毅在省业余体校训练和在省队打球时，衣服都是自己洗，袜子破了自己补，裤子短了，接一段也能穿；有个头疼脑热的，也是自己去找队医解决，从不愿对家人说，办起事来很有主见，生活也十分独立。1980年，17岁的田秉毅获得全国羽毛球男子双打少年冠军。1981年7月又入选国家队，拜在王文教门下。在1982年的全英羽毛球公开赛上，同关渭贞合作获得混合双打第三名；次年又获得"全英赛"男子单打第三名。1984年，20岁的李永波与19岁的田秉毅搭档双打，中国队第一次组成男双参加国际比赛。

来自辽宁的李永波，有着典型东北人的性格，粗犷、豪迈、激情四溢，而且身上有着一股与生俱来的霸气；而来自湖北的田秉毅，虽然不乏"九头鸟"的精明，但性格却内敛、温和，给人以老成持重的感觉，而且技术细腻、头脑冷静。他俩简直就是天生的搭档，被称为"体坛双雄"。

从此，田秉毅与李永波形影相随，并肩作战，开始了长达十年之久的羽坛征战生涯。1984年9月，在印度尼西亚雅加达举行的第4届世界杯羽毛球锦标赛上，"李田组合"第一次在世界大赛上亮相，他们最终获得男双亚军；同年，在汉城第10届亚洲运动会上，他们再获羽毛球双打亚军；在随后两年的世锦赛和世界杯赛上，他们连续获得亚军，但始终没有登上冠军的宝座。于是，在业界就开始流传一则田秉毅改名字的趣闻：在多次拿到世界亚军之

被誉为"体坛双雄"的田秉毅（左）和李永波（右）

后，田秉毅不免有些心灰意冷，心里有点儿猴急！突然，他脑中灵光一闪，就去找一位"大师"。因田秉毅打小的名字是"田秉义"，那"大师"故弄玄虚，神秘莫测地解释道："这个'义'字不好，你看啊，'义'是一个'×'加一个'点'，什么意思？你明白了吧——就是'差一点儿'的意思嘛！所以呀，你就总是离夺冠差那么一点。""大师"虽然说得有点儿玄乎，但田秉义还是把名字改成了"田秉毅"。

后来，田秉毅把改名字的事写信告诉了父母。"为什么改名？"父亲好生奇怪，真不知道他葫芦里卖的什么药，这有啥子意义呢？父亲虽不全信，但知道他心中的那份苦，也十分清楚一个运动员从小到大心无旁骛，潜心训练，是多么的不易！多少人半途而废，多少人无功而返，谁不想在大赛中用实力证明自己？谁又不想争冠军夺第一！可姓名当中的一个字能够作为自己失败的理由吗？

"李田组合"在比赛中夺冠

父亲在回信中还是狠狠批评了他:"拿不到第一,只能说明自己实力不够,胜利总是属于那些敢于拼搏的人!"

看了父亲的信,他感到惭愧,是要从自身找原因提高自己的实力了。就像改后的名字"秉毅",心诚志坚,秉性刚毅!他就是用那股坚毅、刚韧和不服输的拼劲,闯过了常人难以承受的心理压力关。接下来,似乎"改名"的效果立竿见影了:1985年3月,在丹麦奥尔堡举行的羽毛球公开赛上,田秉毅和李永波一路过关斩将,最后与马来西亚的拉·西迪克和贾·西迪克相遇,以2:0的比分获胜,夺得金牌。他们后来又分别在英国伦敦羽毛球公开赛和全英羽毛球锦标赛以及瑞典、泰国等地举行的羽毛球公开赛上披荆斩棘,历经艰辛,多次获得男子双打冠军!

1986年4月至5月,第14届国际羽毛球男女团体锦标赛和第11届国际羽毛球女子团体锦标赛在印度尼西亚首都雅加达举行。田秉毅、李永波作为中国男子羽毛球队主力阵容出征印尼,男队重新捧回"汤姆斯杯",女队蝉联"尤伯杯",中国羽毛球队首次在世界团体大赛中双双夺冠!

1987年,"李田组合"在北京获得世界羽毛球锦标赛男子双打冠军,同时中国队囊括了五个单项比赛的全部冠军。国际羽联主席伊恩·帕尔摩在观摩世锦赛时说:"此次比赛你们获得五项冠军,连同去年夺得的'汤姆斯杯'和'尤伯杯'男、女两项冠军,一个国家同时保持两项冠军,这是世界羽毛球运动史上的第一次,中国是当之无愧的羽毛球运动强国。"

后来,在全英羽毛球公开赛、第8届世界杯羽毛球比赛和第6届世界羽毛球锦标赛中,田秉毅、李永波均获得男子双打冠军。至此,田秉毅和李永波这对"黄金搭档",5次获得世界冠军,其中包括2次世锦赛冠军和3次"汤姆斯杯"赛冠军。在1988年汉城奥运会羽毛球表演项目(1992年正式成为比赛项目)又夺得男双冠军。这几项赛事证明了中国羽毛球男子双打厚积薄发的实力,也奠定了田秉毅与李永波作为世界羽毛球男子双打种子选手的地位,最终雄踞世界羽坛之巅。

在国家体委举行的授奖大会上,党和国家领导人习仲勋、杨尚昆、秦基伟、薄一波、宋任穷、彭冲等到会颁奖,田秉毅、李永波有幸与会并当之无愧地获得这份殊荣。他们曾在1986年、1988年和1990年为中国队夺得"汤姆斯杯"立下了大功,在1987年、1989年连续两次夺得世锦赛男双冠军,在1990年北京亚运会上夺得男团和男双两金。他

担任女双主教练后的田秉毅

们在一系列国际公开赛上折桂,从而改变了中国羽毛球男子双打长期落后的局面,开创了中国男双前所未有的辉煌岁月。

三、人生转折点

1992年巴塞罗那奥运会上，羽毛球正式成为奥运会比赛项目。虽然"李田组合"决定为自己、为中国队最后一搏，但多年的征战使他们伤病缠身，首战李永波就拉伤了大腿，田秉毅也有很严重的腰伤，两人仅获得了男双季军。没能夺得奥运冠军也成了他们心中永远的遗憾。

田秉毅于1992年退役。作为国际羽坛杰出的男子双打选手，自1984年以来，田秉毅5次获得世界冠军，连续6年被评为湖北省"十佳运动员"，这在运动员中是不多见的。他无限感慨地说："从9岁拿起球拍到29岁放下球拍，整整二十年啊！"

1993年初，李永波和田秉毅一起留在了国家队当教练，从此开启了一段传奇的执教生涯。当年10月，李永波临危受命，接任中国羽毛球队副总教练（当时队里未设总教练）。在重组教练班子时，李永波提名田秉毅为女双主教练，已经合作了10年的这对搭档，在新的教练岗位上，又开始了新一轮的合作。

当时中国队正值青黄不接、后继乏人、出现断层时期，田秉毅为了将女双作为突破口，深入到国内比赛赛场遍寻良才，终于找出了葛菲和顾俊这对双打奇才，在他的精心调教下，两人很快便在国际羽坛名声大噪。1996年亚特兰大奥运会前，田秉毅与李永波甘心当起了陪练，每天一到两小时的高强度对抗，累得两位教练浑身酸疼，也使这对女双队员的球技有了大幅提高。当葛菲和顾俊终于登上奥运冠军领奖台，实现了国羽奥运会金牌"零的突破"时，田秉毅与李永波心满意足地笑了。

中国羽毛球队从此走出了低谷，重新登上了世界羽坛的最高峰，在奥运会、世锦赛等重大比赛上屡屡扮演最大赢家的角色，成为同时拥有"汤姆斯杯""尤伯杯"和"苏迪曼杯"三个团体冠军奖杯的第一支球队，冠军球员达到了58人。国羽在2012年伦敦奥运会上的成绩达到了登峰造极的地步，将全部五项冠军都收入囊中，"五星国羽"闪耀英伦！2016年在巴西里约热内卢奥运会上国羽又获得两金。那段时间，国羽取得了一连串辉煌的成绩：44个世锦赛冠军、18枚奥运会金牌、10次"苏迪曼杯"冠军、6次世界杯冠军、5次"尤伯杯"冠军、5次"汤姆斯杯"冠军，总计夺得92个世界冠军。李永波和田秉毅真是功不可没啊！

韩爱萍和田秉毅各捧"尤伯杯"和"汤姆斯杯"

田秉毅的妻子周继红同样也是一名教练，也是中国体育界的名人。周继红连获世界杯跳水比赛冠军和洛杉矶奥运会女子跳台跳水冠军，被国际泳联两次评选为年度"世界跳水女皇"。这对"金牌夫妻"是同乡，早在多年前就相识相知，年轻时在武汉体育馆业余体校受训时就志趣相投，训练之余常不约而同到业余体校图书室写训练日记。那时，两人常在一起交流训练、比赛的感受。在业余体校的荣誉橱窗内，也经常同时张贴两人的照片。共同的爱好、相同的经历，让两人经常相互鼓励，继而相互欣赏，一种油然而生的情感又在彼此的心田悄然滋长。

2002年"尤伯杯"女团冠军

　　1978年，两人同时接到省队的入选通知。田秉毅迈进了省羽毛球队的大门，而周继红也跨进了省跳水队的行列。虽说两人相互见证着进步，可省羽毛球队在武昌，而省跳水队在汉口，江南江北的天堑相隔，又让彼此依依不舍。临别前，双方都从身后拿出一份纪念品赠给对方，巧合的是居然都是一本装帧精致的日记本，扉页上都写着"祝万事如意，早日进入国家队"的赠言。进到省队后训练更为紧张，两人虽同在一个城市，却很难见面。当他们再次相逢时，已是在国家集训队的基地了。

　　真是有缘千里来相会啊！在国家集训队里，他俩住同一栋楼的二楼和三楼，一个在运动赛场上如沐春风，如鱼得水；一个则是屡败屡战，与冠军失之交臂，与捧杯无缘。尽管两人在一栋楼里进进出出，碰到了也只是点点头打个招呼。球场失意的田秉毅有时干脆低着头擦肩而过，连招呼也懒得打一个。每逢此时，周继红心里也不是滋味，总想找机会安慰安慰他。1985年10月，田秉毅、周继红相继回汉探亲。在一次聚会上，也许是上苍的有意安排，两人不期而遇。他俩漫步在故乡的街巷，敞开心扉倾心长谈，几年的隔阂顷刻间冰释。在周继红的关爱和激励下，田秉毅终于从低谷中走了出来。

也有另一种说法：田秉毅与周继红这对"金牌夫妻"的结缘靠的是李永波这个"红娘"。当年，田秉毅看上了周继红，可他是个"闷葫芦"，不善言辞，感情上的事就更羞于开口表达了。这时，李永波主动出面帮忙，他找到周继红，滔滔不绝地列举了田秉毅的众多优点，让周继红动了心，最终两人相恋。1992年10月，田秉毅才与周继红结成伉俪。这是值得人们艳羡的事业型美满组合的"冠军夫妻"，有情人终成眷属啊！

田秉毅与周继红结为"冠军夫妻"

"凌霜傲雪" 尚幅梅

宝剑锋从磨砺出，梅花香自苦寒来

  2013年6月，武汉市硚口区档案馆正式对市民开放了"世界冠军特藏室"。众所周知，硚口区被称为"世界冠军的摇篮"，从这里走出了15位世界冠军。

  这个"冠军特藏室"虽然面积不大，但藏品丰富且极为珍贵。这些实物及照片，是多年来档案馆在建立"体育名人"档案时由运动员本人或家属捐赠的。目前，十几位世界冠军都建立了档案，征集来的实物及照片达千余件。世界跳水冠军童辉及世界羽毛球冠军韩爱萍、田秉毅、尚幅梅等捐赠的140余件奖牌、奖杯、奖章、参赛证等实物也与公众见面。羽毛球"尤伯杯"团体冠军获得者尚幅梅训练时曾使用过的羽毛球用品及参赛图片，也成为"特藏室"一景。

一、长堤兴衰

话说明朝崇祯八年（1635年），当时汉口镇由于地势低洼，百姓长年苦于水患。时有汉阳通判袁焻亲自主持在汉口修筑一条长堤，呈半月形，环绕汉口镇的北面，长约10华里，人称袁公堤。

长堤的修筑，不仅消除了后湖水患，而且还改善了水运和交通条件。为筑长堤，人们在堤外挖出二丈宽沿堤壕沟。西起硚口，连通汉水，东至今江汉区近江地带，通往长江。因其形状如襟带环绕汉口镇，故称玉带河。河中可通舟船，沿岸架有石桥、木桥几十座，交通十分便利。居民纷纷在长堤两边筑基建屋，逐渐形成街市。每逢早集，桥上人车熙攘，桥下客舟云集，河水环绕堤街，别有一番水乡情趣。白天舟楫往来，夜间渔火点点，简直可以与有"桥乡"之称的苏州媲美哩！

在武汉三镇中，武昌、汉阳成镇较早，三国时，东吴为争夺荆州，在长江两岸屯兵积粮、大兴土木。东吴嘉禾二年（233年），孙权相继营造了夏口城和鲁山城（即武昌、汉阳的雏形）是当时重要的军事要塞。所以，武昌、汉阳早就筑有城墙；而汉口出现较晚，直到清代中期尚无城堡。

硚口区档案馆开放"冠军特藏室"

到了清朝同治三年（1864年），为了防御，由汉阳郡守钟谦钧、汉阳知县孙福海等，筹集银两又在长堤以北修筑了汉口城堡，城外开了一条很深的护城河。这道半月形城堡上起硚口，下至一元路，沿城堡辟出玉带、居仁、由义、循礼、大智等8座城门。这样，城墙取代了长堤的防水功能，护城河也取代了玉带河。于是，长堤逐渐废弃，居民在长堤沿线建屋设店，慢慢发展成为一条古老的与汉正街平行的街道，取名长堤街。

长堤街一形成便很快繁荣起来，并修起条石路面，成为热闹非凡的商业和手工业作坊集中的街道。不仅商铺林立，茶社酒楼、南北杂货、丝绸印染，样样齐全；而且聚集着众多木器、铜器、铁器、榨油、纺织、酿酒等手工作坊。仅茶社酒楼就有30多家，鱼行米店10余家，酒糟坊五六家。游人如织，商贸繁华，成为仅次于汉正街、黄陂街和花楼街的一条主要街道，也成了汉正街市场的主要组成部分。

清代文人范锴在《汉口丛谈》中说："汉镇之发展，初以长堤是赖也。"就是说，汉口的兴旺是从长堤街的形成开始的。当年，玉带河上的大多数桥梁成为连通堤内外街道的小巷，使长堤街与周边众多街巷纵横交错，无往不通，成为汉口又一居民区和商业闹市区。民国初年，长堤街分为几段命名，分别称为劝工院堤街、大通巷堤街、观音阁堤街等。到1926年时，就统称为长堤街了。1967年，长堤街改名为红安街，1972年复名长堤街，并将如常里、遗安里、天顺里、复善里、明德里、广安里、忠厚里、长堤巷等街巷并入。此街多是砖木结构的二至四层楼房，至今仍可见往日的旧貌。

1937年抗日战争全面爆发，不久武汉沦陷，长堤街大部分手工业作坊内迁重庆。此后，国民党发动全面内战，又导致市场萧条。

特别是汉口开埠以后，随着汉口商业中心下移至沿江租界一线，长堤街逐渐退居为背街小巷，成为居民生活区。如今早已隐身于都市深处而且已经成为颓垣断壁的长堤街，连接着一条古巷，名叫大通巷，还有一所以大通巷命名的小学。后来，有一位体育界响当当的人物、世界级的体坛骁将、当代羽坛叱咤风云的名角尚幅梅，就是从长堤街大通巷走出来的，或者说，是从大通巷小学起步，一步一步走向世界体坛之巅的……

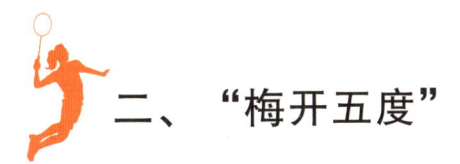

二、"梅开五度"

1964年12月，时值江城蜡梅飘香，祖籍江苏徐州的尚佐旭、郭云霞夫妇又喜添一"千金"。父亲尚佐旭乐呵呵地说道："让我想想，给女儿起个什么名字好呢？"

在这之前，老尚家已有四个"千金"了，没有儿子，母亲郭云霞皱着眉头。但老尚一点都不急："女儿好！女儿也不错！瞧，这寒冬腊月的，五朵金花临门，是我老尚家的福气啊！大家不是常说吗，"梅开五度"，五福临门哩！一定要给这个女儿取上一个好听的名字。"

尚幅梅（1981年9月摄于云南石林）

老尚思忖良久，"嗯——"，然后拍了拍脑袋，突然有了灵感："五个姑娘，如同五瓣梅花，这是上苍赐予的一幅梅花图啊！嗨，这丫头，就叫'幅梅'吧！"

提起给五女儿起的这个名字，老尚至今都感到很自豪！除了有"五福临门""梅开五度""五瓣梅花""一幅梅图"等寓意之外，他还把女儿的将来想象得如梅花般美丽，更希望女儿成人后具有梅花般的品格！果然，长大后的尚幅梅没有让父亲失望……

后来她在国家队的时候，一位十分喜爱羽毛球运动的国家领导人，特邀请她和队友韩爱萍等到家中做客，当问及尚幅梅名字的来历时，还以为她的父亲一定是个很有文化的知识分子，要不然怎么会取这么富有诗意的名字呢？尚幅梅十分自豪地回答说："父母都是极其普通的工人，只不过父亲的业余爱好是画梅花。"那位领导人听后连声说："不简单呀，啥时候也请你的父亲为我作一幅梅花图。"

尚幅梅虽然生长在清贫之家，但俗话说："辣的是椒，疼的是幺。"夫妻俩从小就对老幺小幅梅最疼爱，四个姐姐也是处处让着她，宠着她。父母都是位于硚口区利济南路武汉快乐童装厂的职工，上有老，下有小，只得拼命工作，含辛茹苦养活一大家人，哪里还顾得上孩子们的学习与成长。在父母的眼里，孩子的成长既要靠个人的天分，也要靠自己后天的勤奋。以后的路，自然要靠孩子们自己去闯荡、去开拓，做父母的又哪能陪着儿女们过一辈子呢？当工人辛苦的切身感受使他们对小幅梅寄予了更多的希望，只有让她好好读书，出人头地，将来才能找到一份既舒适体面又收入不错的工作。

尚幅梅到了上学的年纪，进入硚口区大通巷小学读书。她打小聪明伶俐，还肯用功，所以学习成绩一直不错，又热情爽朗，很讨老师和同学们的喜欢。但她更热爱体育，自幼活泼好动，性格外向，成天蹦蹦跳跳，像只小兔子，好像更有运动员的天赋。

8岁那年，硚口区教委组织校际小学生运动会，4所小学为一个运动片区。小幅梅由于身高体健，喜爱运动，被学校选定为田径运动员参赛，结果一出马就得了个第二名。在硚口区委礼堂开表彰会那天，小幅梅多么希望爸爸妈妈能够参加颁奖仪式啊！可惜，父母要上班，只有她的四姐美均见证了她的第一次成功。

三、小小球童

第二年，9岁的尚幅梅又被体育老师看中了，这大概就是命运之神的有意安排，引导她去体育赛场上拼搏。

那天刚放学，身材高挑的尚幅梅被体育老师陈福成叫到了办公室。陈老师问她愿不愿意参加学校的羽毛球队练习打球，并明确地告诉她，不能因为打球而放松了文化课的学习。

陈福成是20世纪50年代末回国的新加坡华侨，60年代初，他被分配到大通巷小学教音乐。后来，他又教学生体育，并全身心地投入到羽毛球教学和理论钻研之中，还想方设法在学校拉起了一支羽毛球队。这位循循善诱的体育教师极具慧眼，教学有方。在他培育的羽毛球幼苗中，孔庆霞、饶宝健等25名队员进入了湖北省羽毛球队。在20世纪70年代，湖北省就为国家队输送了6名运动员，其中，韩爱萍、田秉毅、杨克森、尚幅梅和林书惠5名队员都曾是陈福成的学生。于是，大通巷小学的小小羽毛球队也开始声名远扬了。

当时，面对陈福成老师期盼的目光，小小年纪的尚幅梅并未往

尚幅梅在第12届世界锦标赛中

深处想，也不可能想那么多，毕竟是一个只有9岁的女孩儿，年幼稚嫩，童心尚浓，觉得打球很好玩，就一个劲地点头，满口答应了。她哪里知道，这次的随口承诺，竟然决定了自己一生的命运：从此，她的身姿与心灵，将伴随精灵般的羽毛球，在人生赛场上腾飞飘舞……

在那个年代，许多人对于羽毛球运动并不太熟悉。学生们仅知道有足球、篮球和乒乓球什么的，而且只有在上体育课的时候才能接触到，课余时间顶多也就是跳绳、跳橡皮筋、踢毽子之类。如今有老师组织去打羽毛球，这不是天大的好事吗？尚幅梅心里暗暗高兴哩！

回家后，她把这事儿告诉了父母，做了几十年工人的老两口连羽毛球为何物都不知道。母亲郭云霞好奇地问："羽毛球到底是什么样子？"尚幅梅在一旁又是形容又是比画地说了好一阵，他们还是弄不清楚那个像瓶盖的东西插上一圈鹅毛的物件为啥叫"球"。父亲尚佐旭倒是很开明："管他咧，老师总是为了学生好，叫女儿打羽毛球，咱就学呗。"

尚幅梅当初误以为打羽毛球一定很好玩，但真到了开始训练时，却全然不是那么回事。下课了，同学们可以自由自在地玩耍，而她却要抓紧时间去完成作业；放学了，其他同学都回家去了，羽毛球队还要留下来训练。起初只练基本功，就是在操场上跑步、压腿、练弹跳什么的，十分枯燥无味。过了好长时间连羽毛球的影子也没见着，更不用说去体会打球的乐趣了。

尚幅梅时刻盼望着能手握球拍在运动场上打球，好不容易有一天，陈老师终于教大家打球了。那时学校没有正规的球场，陈老师就在操场上用粉笔画场地，开始教大家练发球、接球，练正拍、反拍，一招一式都十分严格。几只破损了的羽毛球还像宝贝似的舍不得给她们用，因为这是陈老师好不容易从业余体校找关系弄来的。

尚幅梅十分兴奋地挥舞着球拍，虽感到从未有过的疲惫，但她却不好意思流露出来。也许是家庭环境的影响，因为家中人口多，条件差，尚幅梅打小就养成了吃苦耐劳的习性，凡事不愿落后，总想比别人做得更好。

打那以后，在大通巷这条古老的小巷里，就多了一个小小女球童。只要不上课，人们总是看见她在自家门前的空地上、在学校操场上挥拍击打羽毛球，不论寒暑，从未间断，直到球打坏了，球拍网绳也烂了。练球之余的她和小队员们又多了一项任务，就是帮助师母织补球拍。正是这种特定的环境加上刻苦的训练，造就了她吃苦耐劳、坚忍不拔的性格，也使她球技提高得很快，完成了她运动生涯中的启蒙训练。

四、梅香苦寒

不久，小幅梅被挑选进入体育馆业余体校开展羽毛球专业训练。随着运动量的增加，她更加勤奋，也更加辛苦，时间也更紧张。每天早起要先跑完5000米，然后赶到业余体校去训练，8点钟后再回到学校去上课。放学后又要到业余体校训练，直到晚上9点钟才能回家。寒来暑往，周而复始。

家里为了既不让女儿迟到，又不影响她的训练，还能让她多睡一会儿，老爸老妈在她进专业队前的三年多时间里，每天清晨的4点半，轮流当起她的"闹钟"……在父母勤劳朴实、热情爽朗性格的潜移默化下，尚幅梅懂得了许多道理，懂得了学无止境，懂得了要谦让和乐于助人，更懂得了要诚实守信和自勉。加入国家队后，她的这种性格一度让她成为女队中的主心骨。每逢外出比赛，她总是为队友们联系住宿，安排就餐，整理行李，乐于管些婆婆妈妈的事，因而落得了一个"尚婆婆"的绰号，这是后话。

尚幅梅是一个非常热爱学习的人，她并不因为自己要参加体育训练，就放松了对文化知识的学习。当初，陈福成老师劝她加入校羽毛球队时跟她说的一番话，她始终牢记在心里——打球和学习一样重要。从小学到初中，她的文化课成绩总是名列班级前茅。她喜欢英语，除了学校开设的英语课程之外，她还自费购买了一些成人英语教材和录音带，在学习训练之余反复跟读，学习英语成为她的独特爱好。后来到了国家队，她的英语成绩是队里最好的，出国比赛时，她也常常自告奋勇当起"小翻译"。

1988年6月尚幅梅在马来西亚

尚幅梅具有诚实自勉的品行，她自小就有写日记的习惯，记录成功的喜悦，也记录失败的原因。更多的是把记日记看作自己成长的一面镜子，时时对照，时时反省。有一次她与丹麦选手那尔森比赛输了。回国后，她在日记中认真进行梳理、归纳，揣摩克敌制胜的绝招，并把这篇日记做上特殊的记号，时时翻阅以警醒自己。第二年，她终于用自己的绝杀刺中了那尔森的软肋，战胜了对方。

正是这些优良的品行，才托起了她的羽毛球事业。一千多个日夜的勤学苦练，终于有了丰厚的回报：1978年，尚幅梅被选入湖北省羽毛球队后，更是如鱼得水，崭露头角；1982年，她代表湖北省参加全国青少年羽毛球赛获得女子双打亚军；1984年4月，她在全国青少年羽毛球比赛中，获得女子甲组单打冠军，又与辜家明合作，获得女子甲组双打亚军；1985年9月，尚幅梅在福州参加全国等级联赛，获得女子单打第三名。尚幅梅和韩爱萍、辜家明曾是湖北羽毛球队的三朵金花，以她们三人为主力的中国队曾夺得第12届"尤伯杯"——世界羽毛球女子团体赛冠军。

"梅花香自苦寒来"，多年的辛勤努力终于结出了硕果，尚幅梅再次被选入国家集训队。由于从小的勤学苦练，尚幅梅的基本功十分扎实。她球路朴实，特别擅长于拉中突击，球锋锐不可当。

尚幅梅所在国家队的教练是一位女将——陈玉娘，她是20世纪50年代同陈福寿、王文教等一批羽坛大腕一起从印尼回来报效祖国的。陈玉娘不仅是叱咤羽坛、名震四方的羽球女皇，还是一位优秀称职的教练，她为中国培养了十几个世界冠军。韩爱萍、关渭贞、尚幅梅、韩晶娜、张宁等羽坛明星，都是陈玉娘亲自挑选并培养成才的。

真是"名师出高徒"啊！在每一次国际赛事中，尚幅梅充分发挥自己拉中突击的特长，凭借自己一贯朴实的球路，稳扎稳打，为中国队蝉联冠军尽了心力，在自己的人生旅途中，向祖国交出了一份圆满的答卷。

1985年11月，尚幅梅与队友们赴波兰参加第11届世界羽毛球锦标赛，获女子单打和双打亚军；1987年，在印度尼西亚、日本、中国、马来西亚等羽毛球公开赛中，获得过1个女子单打亚军、2个女子单打第五、1个女子双打季军、4个女子双打第五的好成绩。尤其是在1985年、1988年，在第12届、第13届国际羽毛球团体锦标赛中，尚幅梅与队友合作，力挫群雄，蝉联冠军，两次捧回"尤伯杯"。

五、出国执教

1988年的6月，马来西亚首都吉隆坡，艳阳高照，水天一色。在国际羽毛球团体锦标赛的颁奖台上，中国女队主教练陈福寿高高举起"尤伯杯"，尚幅梅和她的队友们高兴地向场内观众挥手致意。鲜花和掌声如潮水般向她们涌来，胜利的喜悦化作盈眶的热泪。这象征着羽坛最高荣誉的"尤伯杯"，已被尚幅梅和她的队友们第三次拥抱了！这是中国羽毛球队所有教练、队员的心血与汗水的结晶，是她们数年含辛茹苦、团结奋斗、超常付出的成果。

从颁奖台上下来，尚幅梅急切地拨通了家里的电话，把这份喜悦传递给了自己的父母，她急切地想将自己的胜利和荣誉化作更多的喜悦，让亲眷友朋一道品味，一道分享……也正是在这一年，尚幅梅被批准为国际级运动健将。

1990年9月，退役后的尚幅梅受中国国家乒羽协会指派，东渡日本三洋公司羽毛球队执教。有一次，尚幅梅带领日本三洋公司羽毛球队来武汉训练比赛。在武昌体育场，她用日语指点队员，几个日本姑娘连连称是，"洋教练"的威风可见一斑。

谈起在日本执教，尚幅梅不无感慨地说道："没有金刚钻，就别揽瓷器活。""不是猛龙就不要过江。"她也用这些警句来勉励自己。"要在竞争激烈、大男子主义盛行的日本立足，必须依靠自身强大的实力。"

在日本，虽然尚幅梅只是一个助理教练，但以她在国际羽坛的排名和实际经验，仍然负责整个队里的战术、技术训练和临场指挥。也许是为了证实尚幅梅的实力，她刚到日本不久，三洋公司特意安排她与全日冠军北田进行了一场表演赛。此时的尚幅梅已有一年多没正规训练和比赛了，而对手是奥运预赛亚洲区第3名，竞技状态极佳。但尚幅梅坚持发挥自己的特长和拼搏精神，顶住巨大压力，终于以2∶1的比分击败对手，赢得了公司领导的信任和队员的信赖。仅用一年的时间，她执教的三洋公司队就获得了全日甲级赛团体冠军。

不久，她又任新加坡国家羽毛球队总教练。尽管她常年在国外，但尚幅梅说道："千好万好，还是自己的家乡好。我不愿在国外久留，将会很快回国，为发展祖国的羽毛球事业再作贡献。"

"乒坛黑马" 陈静

价值产生信心，信心产生热忱，热忱征服世界

中国堪称"乒乓大国"，大约有4000万乒乓球爱好者，所以乒乓球一直都是我国的优势体育项目。

自从乒乓球运动被列为奥运会比赛项目后，我国奥运冠军也越来越多：邓亚萍、王楠、张怡宁、刘诗雯、刘国梁、孔令辉、马龙……他们都是家喻户晓的"乒坛名将"。那你知不知道，到底谁是奥运历史上第一个女子乒乓球冠军呢？对，她就是陈静！陈静夺得了奥运会女子乒乓球赛的第一块金牌，是一个注定要载入世界体坛史册的人物。

有人说，陈静一定是被天使吻过，不然她的人生不会这么成功精彩！

一、秘密武器"左大刀"

在陈静的乒乓球运动生涯中,最有名也最为人们所称道的,是在1988年的第24届汉城奥运会上,她出奇制胜,连克7名世界名将,摘取了女子单打桂冠。接着,又与焦志敏合作,取得女子双打亚军,被誉为世界乒坛上的一匹"黑马",国外媒体称她是"令人生畏的'左大刀'"。

"黑马"好理解,是比喻那些出人意料地取得成功的人,这"左大刀"又是什么意思呢?说起陈静的"左大刀",还有一个曲折动人的故事哩。

1968年9月20日,陈静出生于武汉市硚口区,父亲和母亲都是普通工人。到了上学的年龄,她就读于硚口区利济路小学。和许多孩子一样,陈静有着美好的童年。父亲陈嗣银是资深京剧票友,受父亲的影响,陈静从小喜爱文艺,曾在青少年宫学过音乐、舞蹈,尤其喜爱跳舞。她听一段广播、看一场电影或电视,就能模仿里面的人物说话或唱歌。无论是在幼儿园,还是在学校里,聪颖活泼、能歌善舞的小陈静总是很讨人喜爱。左邻右舍见到她,也时常要她舞一段、唱一曲,她呢,总是欣然同意,翩翩起舞,好一个萌娃！

在学校，老师发现她好动，橡皮筋跳得溜熟，一对小辫子上下翻飞，边跳边唱，有板有眼。让她下个腰、劈个腿、翻个叉，她都做得挺有招数，纤细的身材表现出极强的舞蹈天赋，简直嗨翻了天！每逢娱乐课或者是课外活动，她一表演，大伙都为她叫好。那时候，小陈静的"小空翻"和"后空翻"做得特别好，一翻就是好多个，老师视她为班上的文艺骨干。果真，当硚口区利济路小学组建校文艺宣传队时，读一年级的她就成了老师首选的对象。父母也满心欢喜，每天接送小陈静，奔波在家庭、学校和工厂之间，乐此不疲。

然而，命运的安排总是出人意料。小学三年级时的一天，陈静放学回家，告诉爸爸说她被体育老师朱达仁看中，选入学校女子乒乓球队了，还说在校参加体育锻炼的学生可以在学校搭伙吃饭，晚餐也可以在学校吃。

父亲听后直犯嘀咕：蹦蹦跳跳好好的，怎么又改打球了呢？心里虽有几分不快，却也只能顺应老师的意思，毕竟小孩子多学一点不为错。再说，夫妻俩都在厂里工作，双职工照顾小孩本就是生活中的一大难题，能在学校搭伙吃饭，把小陈静交付给学校，也解决了他们的后顾之忧，省得下班后急急忙忙地往学校赶，不是更好吗？再加上那个年代，乒乓球运动正风靡一时，不管是街道、机关还是工厂，不管有没有场地，大家都能因陋就简创造打乒乓球的条件。陈静的父母也是一对乒乓球爱好者，所以在父母的影响下，陈静小时候也显露出了对乒乓球的热爱。前思后想一番，陈静的父母也就默许了学校的安排。

可是没过几天，陈静又带回家一条消息，说："朱老师让我改用左手执拍打球。"父亲一听，好生奇怪！真的是搞不懂老师的意图，不知道他葫芦里卖的什么药。这左手打球有啥子意义吗？不

比赛场上的陈静

觉心里有几分窝火："哪有这样的道理，小孩自小习惯用右手，为什么非要反其道而行之呢？这老师唱的是哪一出啊？"于是，满头雾水的父亲愤愤不平地赶到学校，意欲找朱老师讨个说法。

应该说，这朱老师确实有远见，他发掘了陈静的乒乓球天赋，从此对她重点培养。"左撇子"的确在乒乓球运动中占据特有的优势，他以独特的慧眼练就了陈静的"左撇子"神功。于是，朱老师对陈爸爸解释说："莫斯科奥运会上的'左撇子'选手囊括了男子花剑的前六名，美国网球运动员康诺斯也是用左手，我国体坛名将栾菊杰、扬阳都是'左撇子'。他们都战功显赫，成绩非凡。"

听了朱老师耐心的解释，陈静的父亲倒是长了见识：想不到，改"左撇子"还有这么多的好处！那就先练一段时间再说吧。陈静的父亲陈嗣银是那种认死理的汉子，既然让女儿"右改左"的决心已下，就一定会积极配合老师。在家里，陈嗣银要求陈静除吃饭、写字用右手外，做其他任何事情都用左手；并在客厅专门划定一块范围，让陈静练习快速移步和左手挥拍动作，每套不得少于1000次；还专门买回一只塑料桶，装上水让陈静左手提着，楼上楼下地跑，以锻炼臂力。果不其然，"三板斧"下来，陈静的表现令父亲颇感欣慰：她不仅自觉意识强，迷恋左手打乒乓球，而且具有顽强的毅力和刻苦的精神。

每天早晨6点，陈静要到校进行体能训练。起初，怕她睡过了头，父母就轮流当起了"闹钟"。时间久了，陈静也慢慢地养成了习惯，就主动要求父母给她买个闹钟，从此早起就不再打扰父母了。陈静在班上学习成绩优秀，为了尽可能不耽误练球，她常利用课外活动时间去抢做家庭作业。午休和下午放学后，都是陈静的练球时间。晚上9点，父亲总是准时到校接陈静回家。

为了增强陈静的体质，每当周末或放假，父亲就把每天上班的路程当成陈静长跑训练的项目。从利济路到汉阳五里新村的武汉机械厂，父亲骑单车在前面跑，陈静在后面追。老街坊们总能看到他们父女俩的身影，这一跑就是好多年，直到陈静进入省队。为锻炼小陈静的腕力，父亲和他的同事们一起比照球拍的大小制作了一把铁球拍，每天让陈静挥来抢去，父亲俨然成了"半个教练"。

小学四年级时，硚口区业余体校乒乓球班在辖区学校选拔苗子。业余体校教练吴立果一眼就看中了陈静，招她入业余体校练球。在日常训练中，吴教练对陈静格外呵护，重点培养，经常给她加班加点"开小灶"，仿佛是一位慈父。晚上9点钟后，业余体校关门了，吴教练依然坚持和她对练半小时，还时不时邀请高年级组的队员来给陈静陪练。父亲也并没有因为陈静进入业余体校练球，就放手不管，而是加大了陈静的运动量，想尽办法提高陈静的球技。到小学毕业时，陈静每天要比其他队员多练40分钟。父亲还经常邀请他们单位擅长打乒乓球的同事，下晚班后到业余体校陪练。

就这样寒来暑往，陈静台上台下不知疲倦地苦练。她的基本功已经相当扎实，球艺不断提高，"左撇子"功力不断增强。在小学最后一年时，她和小伙伴们捧回了武汉市小学生女团冠军杯。进入武汉市六十中后，陈静球技更加进步，在全市少年组的比赛中名列前茅。1979年，陈静在少年宫乒乓球比赛中获得了冠军，这也是她学球以来获得的第一个冠军。

1980年，12岁的陈静经吴立果教练极力推荐，进入湖北省女子乒乓球队接受正规训练，周末回家仍坚持到硚口区业余体校练球。湖北省知名乒乓球教练冯梦雅也觉得陈静是个可塑之才，将她招入湖北省乒乓球队，陈静正式开始了她的运动员生涯，得到了专业和系统的训练。

陈静从小天赋极高，对乒乓球有着自己独特的理解，以快攻结合弧圈打法，动作干净利落，犀利流畅。后来，除了保持传统的以快制快的打法外，她还练出了反手弹击的绝活，极具进攻性，打出的球总是落点刁钻，节奏突然，在技术上更是凶猛而稳健。不论是进攻还是防守，都无懈可击，成为队员中的佼佼者。

陈静（右）与焦志敏（左）配合女双比赛

教练冯梦雅非常欣赏陈静的打法，不仅倾心传授技艺，还在培养她的心理素质和为人处世的能力上，也给予了极大的帮助。在冯梦雅的精雕细琢下，陈静很快在省队脱颖而出，与乔红、胡小新并称队里的"三朵金花"。冯梦雅的"三剑客"曾代表国家队出征，多次取得骄人的成绩。

　　以上三位恩师，如三块跳板，让陈静实现了她乒乓球生涯的三级跳，成就了乒坛上的"左大刀"，让她在事业上不断突破。1982年，陈静参加全国乒乓球中级联赛，首战告捷，夺得了第一块金牌。1984年，湖北省女子乒乓球队代表国家队应邀参加土耳其国际青少年乒乓球邀请赛，陈静初露锋芒，结果湖北队囊括团体、女双、女单、混双四块金牌。赛前，曾有外国记者问她："你认为能不能拿到金牌？"陈静回答语出惊人："如果发挥正常，拿冠军不成问题。"好一个自信而聪颖的"武汉伢"，真是棒极了！

　　1986年，陈静加入国家乒乓球队，郗恩庭担任她的主管教练。1987年，陈静参加亚洲乒乓球赛获女双第三名，成为女子团体冠军成员之一。从此，国乒教练组将刚进队不久的陈静当主力培养，金牌教练张燮林开始接手陈静。不久，她成为第39届、第40届世界乒乓球锦标赛团体冠军成员之一，为我国的乒乓球事业作出了重大贡献。

二、毛遂自荐战奥运

　　作为奥运会乒乓球比赛女乒单打的首块金牌得主，陈静一夜成为轰动世界乒坛的顶尖人物。陈静的成功有她自身天赋的原因，也有命运所赐契机的神奇！你一定想知道，那到底有什么神奇之处呢？

　　1988年9月，韩国的汉城（今首尔）秋意渐浓。奥林匹克的圣火，在亚洲上空点燃。对陈静来说，这是她人生中的一个重大转折。中国在汉城奥运会上共获得五块金牌，分别是许艳梅获得女子跳水10米跳台冠军，高敏获得女子跳水3米跳板冠军，楼云获得男子体操跳马冠军，陈龙灿、韦晴光获得男子乒乓球双打冠军，而陈静则获得女子乒乓球单打冠军。

陈静作为中国代表团中征战奥运的新手，1.70米的身材，颀长苗条、高挑匀称，容貌清秀美丽，表情沉着冷静，眼神明亮清澈，使她成为观众瞩目的焦点人物。这位武汉丫头，是中国乒乓球队此行争霸夺冠的"秘密武器"。

对只有20岁的陈静来说，她还是第一次参加如此高规格的世界性运动会，而且乒乓球项目又是新列入奥运会的比赛项目。陈静进入国家队的时候，已经18岁了，算是起步比较晚的队员了。但她进国家队的目标是多参加一些国际赛事，能得到展示自己实力的机会。陈静认为，一直以来，能与中国女队抗衡的，只有韩国和日本的选手，每次比赛，决胜阶段总与这两支队伍相遇，你来我往，胜负各半，中国队一直没有寻找到可以出奇制胜的"奇招""法宝"。个中原因是对手之间相互太了解，老队员的打法与球路，已无秘密可言。

陈静觉得自己虽然年纪小，却代表着中国队的新生力量。在1987年的第39届世界乒乓球锦标赛团体赛上，她奉命迎战韩国选手玄静和，表现不俗，挥拍得胜，为女子乒乓球队顺利夺取团体冠军扫清了障碍。一个新手的崛起，是需要在大战的硝烟中熏陶和锤炼的！于是，陈静勇敢地写信向教练组毛遂自荐，信中说："为什么不起用小将呢？"陈静如此自信，牛啊，真的是牛！

陈静的意见引起了中国乒乓球队领导的高度重视，也引发了纷繁复杂的议论。有人说：黄毛丫头不自量力，口气太大！也有人说：后生可畏，毛遂自荐有什么错？两种意见分歧严重，到底派谁合适？

出国前，几乎所有的乒乓球运动员都摩拳擦掌，都想在汉城奥运会上为国争光。但参加比赛的名额只有3个，队员之间的竞争十分激烈。当时队里的主力队员是焦志敏、何智丽、李惠芬与戴丽丽，她们不仅资格老，比赛经验丰富，而且都在世界乒坛上很有影响力。陈静还是个初出茅庐的小将，当然无法与她们相比。到底选谁呢？教练组也很犯难，于是在队内进行了一次投票。结果年轻气盛的陈静在投票的时候没有投任何人，只是在上面写了一句："为什么不起用年轻队员？"正是这句话促使教练组改变主意，最后，主教练张燮林一锤定音：陈静出征！最终定下了她和焦志敏、李惠芬3人参加奥运会。这让很多球迷感到意外。

这也是历届奥运会唯一一个通过自荐入选的例子。古人云：自信者，强！正是这种坚强的信念，使陈静视国事为己任，勇于挑大梁。在这次奥运会乒乓球比赛中，陈静充分展示了自己的实力，一路过关斩将，表现不俗，四分之一决赛她击败苏联选手布拉托娃，顺利地打进了半决赛。当她左手熟练地挥拍击球时，她感到一种狂喜，所发的球大部分都让对手一时难以适应，这让她感觉到了"左大刀"的威力。哇塞，真是太酷了！原来左手打球的杀伤力竟然如此惊人！陈静从"左撇子"打法中获得了由衷的快意，感到手中的小球越打越有意思，朱老师在她心目中的形象也更加高大起来。

奥运会半决赛，陈静遇上了捷克斯洛伐克著名选手赫拉霍娃。赫氏球风凶狠，惯于欧洲的长拉兼长吊，人称"欧洲选手的克星"。此前，陈静也曾观看过她打球，是那种典型的欧式风格。但只要压住近台，"快枪手"是完全有把握击败对手的。上阵之前，张燮林教练也这样嘱咐她。

陈静感觉到压力很大，毕竟是头一次与赫拉霍娃交手，到底有几成把握，自己心里的确没有底。再说，此次出征已闹得沸沸扬扬，无论是自荐请战也好，教练大胆起用也罢，如果发挥失常，将要面对的难堪之状显而易见。一时间，陈静觉得自己似乎陷入了一种进退两难的境地。当然，最主要的还是要想清楚如何去战胜对手，完成使命。好在，初生牛犊不怕虎！她横下一条心："打，豁出去，拼了！"这就很有些武汉丫头那种招人喜欢的泼辣劲了。

在与赫拉霍娃交手前，陈静已连克6名世界名将。每战一次，她都要研究一番，认真揣摩对方的球路，她是那种善于用"心"去打球的人。比赛一开始，陈静就按事先拿定的主意，以发球抢攻和反手弧圈球外加多变的球路来控制对方。赫拉霍娃虽然一时难以招架，但也并非等闲之辈，这位欧洲冠军毕竟经验丰富，她很快调整战术，将比分追了上来，比赛趋于白热化。

陈静打法灵活，主动调动对方，利用她凶狠多变的战术，取得场上主动权，再以她"左撇子"的优势，再一次打得赫拉霍娃乱了阵脚。陈静势如破竹，一鼓作气以3∶0的比分淘汰赫拉霍娃，为中国队夺冠除掉了拦路虎，最终陈静和李惠芬进入决赛。接下来，陈静战胜了自己的队友取得金牌。她首次参加奥运会便一鸣惊人，成为中国第一个女子乒乓球单打奥运冠军，同时也成了奥运史上第一个女子乒乓球单打冠军，被载入史册，为中国乒乓球运动史写下了浓墨重彩的一笔……

三、转行从教建球队

众人以为，汉城夺冠时陈静才20岁，以她的实力完全能打到下届奥运会。谁知她在23岁这一年，突然宣布退役，这让许多人感到非常惋惜。

1990年，日本向她抛出了橄榄枝，邀请她到日本执教。陈静也意欲自费到日本留学，但没能如愿。宏碁电脑乒乓球俱乐部邀请她到中国台湾地区打球，也未能成行。后经湖北省、武汉市的领导多次出面协调方顺利办理了出国签证。1992年3月，陈静前往美国普林斯顿大学读书并担任该大学乒乓球队总教练，其间学习英文。

陈静在美国曾接到以获得绿卡、免费留学并加盟美国队为条件的邀请，但陈静婉言谢绝了。她说："不论是在祖国大陆，还是在中国宝岛台湾，我们都是中国同胞，如果台湾地区需要我为乒乓球事业做点事的话，我还是愿意去的。"最终陈静以"杰出大陆体育人士"的身份，以文教交流的形式加入了宏碁乒乓球队，半年后在台湾新竹县自办"陈静乒乓球基金会"。随后，陈静以中国台北队选手的身份重返乒坛，并多次在国际赛事上获得冠军。

1996年亚特兰大奥运会，陈静在半决赛中击败了自己的武汉老乡、师姐乔红，再次挺进奥运决赛。决赛对手是国乒女队头号主力邓亚萍，但陈静最终输给了邓亚萍，只获得了银牌。2000年在悉尼，32岁的陈静第三次出征奥运会，却在半决赛中败给了比自己年轻10岁的王楠，只收获一枚铜牌。至此，陈静成为第一位获得奥运会金、银、铜牌的乒乓球运动员。

悉尼奥运会结束后陈静宣布退役，正式结束了她的运动员生涯。此后，陈静又在台湾生活了一段时间。2002年取得台北体育学院硕士学位，2005年获得华南师范大学运动心理学博士学位，毕业后留校任教。陈静主要教授乒乓球和网球，她的课专业性强，但讲授生动活泼，深得学生喜欢。2007年7月，她被评定为具备副教授资格，成为中国奥运冠军转型为学者并拥有副高职称的第一人。2012年4月，陈静被评定为具备教授资格，成为华南师范大学体育科学学院教授、硕士研究生导师。

硚口世界冠军成长故事

左起：陈静、邓亚萍、乔红

　　回到 2001 年，陈静离开台湾回内地发展，正式签约广东福地乒乓球俱乐部，并在广州正式挂牌"陈静俱乐部"，该俱乐部包含拳击、排球、乒乓球等体育项目，陈静转型为商界强人。俱乐部招收优秀运动员征战乒乓球俱乐部联赛，在乒超占有一席之地。她还在广州组建了一支乒乓球队，而她作为领队不仅要负责培养有天赋的乒乓球选手，还经常带队参加各种乒乓球比赛。陈静至今仍在体坛与商界两个领域左右逢源，口碑良好，得到了人们的尊重。

　　2006 年 10 月，北京奥运会备战期间，应国家体育总局乒乓球羽毛球运动管理中心邀请，以陈静为负责人的心理学科研小组进驻国家乒乓球队。2008 年，国乒队包揽 4 枚奥运金牌，这里面也有陈静的一份功劳。这就是陈静优秀的政治素养和深厚的爱国情怀：滴水之恩，当涌泉相报。真乃"巾帼英雄"也！

　　就在她 39 岁那年，遇到了国家体育总局排球运动管理中心的负责人徐利，两人一见如故。经过一段时间的接触后，两人于

2006年走进了婚姻殿堂，并生有两个可爱的儿子。据陈静身边人介绍，陈静的丈夫现在广州经商，经济条件优越，非常支持她的工作。

2017年，陈静将乒乓球俱乐部交给自己的专业团队打理，此后她一边在学校教书，一边在家照顾两个儿子。陈静是一个有耐心的好妈妈，她给儿子做饭，将儿子的运动鞋洗得雪白，陪儿子听故事，教他们画简笔画，每天还要给两个孩子检查作业，并写下评语。

2022年8月，陈静已经54岁了，她的人生经历也是起起伏伏，犹如一部传奇。她之所以能一直活得很精彩，就是因为她身上有一种永不妥协的体育精神、奥运精神。运动员时期，陈静是奥运冠军，向世人展示了自己的辉煌；走下赛场，陈静又成功转型为教授，名下还有乒乓球俱乐部，并拥有幸福美满的婚姻，有一双可爱的儿子，事业和家庭都很圆满，生活没有辜负她，人生处处是美景！

陈静和两个儿子

"拼命三郎" 乔红

智慧源于勤奋，伟大出自平凡

  具有五百年历史的汉正街不仅出商界巨贾，也出世界冠军，所以，汉正街也被人称为"冠军之乡"。

  在这些闻名于世的佼佼者中，乔红曾叱咤世界乒坛，人称亚洲"小黑马"。在第40届世界乒乓球锦标赛中，她"连闯七关"脱颖而出，获得女单和女双两项冠军。从此，她在国际赛事中，一路摘金揽银。1992年在第25届巴塞罗那奥运会上，乔红带伤参战，获得女双、女单两枚金牌。1996年在第26届亚特兰大奥运会上，她与老搭档邓亚萍一起再次荣获女子双打冠军，在中国乒乓球运动史上开创了一个"邓乔时代"。在世界乒乓球运动史上，不能没有乔红这个名字；在共和国体育运动辉煌的史册里，乔红，一直闪烁着她应有的光芒……

一、坚忍的"个性女孩"

说起江城武汉，两江交汇，因水而兴，是江水赋予了武汉人灵性与活力；谈到汉正街，因河而兴，因商而盛，是商业的兴盛给人以睿智和自信。乔红就出生在这样的一座城市、这样的一条街道，骨子里早已浸润了这种灵性与活力、睿智和自信。她凭借着这份天赋和努力走出了生她养她的大江边，走出了闻名遐迩的汉正街，一直走向世界，走上事业的巅峰……

乔红的人生充满了传奇色彩。她于1968年11月21日出生，1975年进入南垸坊小学读书，每门功课平均九十分以上，算个"小学霸"；而且又"听话、温顺、老实"，像只内敛的"小小羔羊"。老师们都很喜欢她，乔红的小学美术老师邱玉岚对乔红特别有印象，说她很乖、很听话、言语少。

乔红刚进学校那年，正是全国上下"乒乓热"风靡一时的年代。当时，武汉无机盐厂有位工人叫严方起，酷爱打乒乓球，他建议好友——南垸坊小学体育老师王德谦在学校组织一支乒乓球队。恰好，武汉汽车制造厂的董伟委调该校支教，董王两人一拍即合。"身材匀称，接受能力强"的乔红一下就被选入了校乒乓球队。

父亲乔大友是个老实忠厚之人，因而赋予了女儿诚实坚韧的个性。乔红训练常常很晚才能回家，父亲总是在傍晚时分准时出现在业余体校乒乓球训练厅的大门口，默默地守望，不时地为她们捡球。练完球回家，乔红趴在桌上做作业，父亲又一声不吭地陪坐在一旁。直到她进入专业队之前，天天都是如此。

乔红在发球

教练董伟委对她要求很严，为了启动快，需加强她的脚下力量，董教练在乔红的脚后跟涂上粉笔灰，让她踮着脚训练，如发现地上有粉笔灰，那就证明脚后跟落地了，要受罚。为了保证乔红及队友的动作规范、标准，董伟委将乒乓球台的四个脚锯短，以适应她们的身高。南垸坊小学规定每晚9点熄灯关门，但乒乓球队往往要训练到很晚，很多时候，熄灯后乔红还摸黑训练；训练完后门房师傅不开门，她们就翻墙而出。

一次开完家长会，班主任找到乔红母亲，建议乔红放弃打球，因为凭她的成绩，学校可以把她保送进外国语学校。当时，乔红学习成绩真的很好，尤其是英语成绩，有可能考上外国语学校。那时还是大学毕业国家包分配的年代，假如上了大学，没准她现在会成为一名著名的翻译。母亲看到女儿训练辛苦，同时怕打球误了学习，便不想让乔红打球。乔红哭着去找父亲，乔大友在听过教练董伟委的建议后，决定支持女儿继续练球，乔红这才得以继续她的乒乓之路。

乔红的童年并非人们所想的那样——每天是无尽的训练，她的童年生活是多彩、快乐的。据乔红的同班同学刘莉回忆：一到课间，乔红就会和同学们丢手绢、踢毽子，这样的游戏乔红样样在行。刘莉是当时学校田径队队员，每次校运动会，她和乔红都是班上的主力军。她说，乔红非常爱笑，"笑的时候眼睛眯成一条缝"。爱笑的乔红也有一副热心肠，当时，班上有一个双腿残疾的女生，乔红便经常和同学接她上学、送她回家。

乔红进省体工队后，离家远了，每天要坐车过江，路上需要一个多小时才能到达训练场。姐姐乔光玲正好在武昌上班，离乔红训练的地方仅一站路，陪护的任务自然落到了姐姐身上。无论刮风还是下雨，无论寒冬还是炎夏，姐姐每天一下班，提着饭盒和茶杯就去照顾乔红，晚上10点钟后再带她回家。坐在公共汽车上，姐姐尽量找后排空座位，为的是能让乔红坐一坐，靠在肩膀上睡一睡，这样一管便是5年。

姐妹俩情真意切。一谈起乔红，姐姐乔光玲眼中总是流露出赞许的目光：乔红从小就特别懂事，无论在体校里训练有多累，回到家里从来不说。武汉的夏天特别热，那时候家里又没有电扇、空调，睡到半夜，常常是汗水把衬衫都湿透了。乔红半夜爬起来冲个凉，换件衬衫倒头又睡着了，那是因为练得太累。进国家队后，她生怕家里人担心，从来都是报喜不报忧。而家里人生病了，她又特别惦记，经常打电话回家询问。爸爸妈妈身体不好，凡是有关的药和营养品她都往家里寄。每次出国比赛，她给家里大大小小的人都要买一份小礼物，从小就养成了待人友善的习惯。

1980年，12岁的乔红凭借全国业余体校乒乓球单打第二名的成绩进入省队，结束了她的学生时代，开始了全新的运动员生涯。

二、爱笑的"拼命三郎"

俗话说"台上一分钟，台下十年功"。对曾在奥运乒乓赛事上大放异彩的乔红来说，她因为付出过很多很多，所以才有了多次在赛场上斩获奖牌时的飒爽英姿。

乔红是个爱说爱笑的"天之骄子"，凡是认识她的人都说乔红是个好姑娘。有人喜欢她淳朴厚道的秉性，有人喜欢她宠辱不惊、雍容大度的气质，有人则喜欢她谦逊随和的性格。父亲最看中的是她诚实坚韧的个性。

说起乔红的韧性，父亲乔大友感触颇深。他说："乔红这孩子不容易，不到7岁时就开始练球，别人家的孩子有着天真烂漫的童年，可她只能与银球相伴。平时她练得那么辛苦，可是一打比赛就输，整整输了4年；进省队后，还是一直输球。孩子稚嫩的心也不知承受了多么大的压力，那段时间真是快把人给愁死了！"

在省队，乔红遇到了一个好教练冯梦雅。冯教练是江苏无锡人，先后任浙江、湖北的乒乓球队教练员，后任湖北省体委副主任。在她任教练员期间，培养了乔红、陈静、胡小新这女子乒乓球的"三朵金花"，被称作湖北队的"三剑客"。她们在奥运会、世乒赛、亚运会等国内外比赛中，共获得47枚金牌、16枚银牌、12

枚铜牌，冯梦雅也因此在省队被誉为乒乓球"冠军之母"。

乔红一直想进国家队，为此竞选参加了三次，但终究是天不遂人愿啊！1985年，陈静、胡小新先后入选国家队，乔红却被淘汰下来送回省队。为何命运对自己如此不公？为什么自己总比伙伴们慢半拍？乔红心里虽然不服气，但还是记住了冯教练的一句话："一个运动员，只要有实力，迟早会脱颖而出！"当时，她在心中着实憋了一口气，默默地发誓，一定要奋力追赶上去，以优异成绩敲开国家乒乓球队的大门。为此，冯教练亲自上阵当陪练，晚上再请男队员给乔红"开小灶"。

1987年，19岁的乔红站在了人生的分岔口，没带任何目标去打全运会，甚至准备打完比赛就去找工作。然而，机会却在这时降临到她身上，乔红一路过关斩将，最终获得亚军，受到国家队的青睐，靠实力如愿以偿地跨进了国家乒乓球队的大门。她进国家队时，已经21岁了。而邓亚萍11岁、张怡宁12岁、王楠11岁、刘诗雯13岁就加入了国家队……跟她们相比，乔红属于大器晚成了！

因此，她格外珍惜这迟来的机遇，训练更加刻苦。用她自己的话说就是：要想战胜别人就必须付出比别人多出几倍的努力。国家乒羽中心副主任姚振绪曾讲述过乔红一件鲜为人知的小事："乔红为了练好发球，常常成千上万次地不停练习。她训练时穿的球衣几乎件件右侧肋下都是破的，那是她无数次练习发球时磨坏的！"

1988年中国队首次访问欧洲，在罗马尼亚乒乓球公开赛上，她马到成功，获得冠军。这更增强了她的自信心。如此优异的成绩终于让她跻身中国女子乒乓球队的主力阵容，获得了第40届世界乒乓球锦标赛的入场券，最终获得冠军，一鸣惊人。

爱笑的女孩运气不会差。在平时，乔红总是一副乖巧、贤淑的模样，月牙儿般的眼睛，笑起来一脸灿烂，文静中略带深沉，沉稳中不失大方，你很难把她与赛场上的凶猛劲联系在一起。乔红横握球拍，发球刁钻，快攻结合弧圈球的打法让外国选手惶惶不安。这个外貌文静的姑娘，以临场头脑冷静、心态极其沉稳、打法凶悍而著称于世！

乔红这种闻名全球的凶狠打法，在1989年第40届世界乒乓球锦标赛中发挥得淋漓尽致。那年，初出茅庐的乔红第一次参加世乒赛，就以"初生牛犊不怕虎"的精神，连闯七关脱颖而出，名不见经传的乔红，令世界乒坛刮目相看。在半决赛和决赛中，面对韩国选手玄静和朝鲜选手李粉姬，她打得从容镇定，潇洒自如，队友和媒体对她赞不绝口，同时获得女单与女双两项冠军，并与队友一起获得了女团冠军，成了名副其实的"三冠王"。这届赛事无疑是乔红职业生涯的巅峰，也成为乔红人生中最高光的时刻。中国乒乓球队总教练张燮林对她表现出来的狠劲更是大加赞赏，一回国就为她请功。因此，她获得了国家体委颁发的"纪念容国团敢斗奖"的金质奖章。

消息传到武汉时，街坊邻居放鞭炮留下的厚厚纸屑将"乔家大院"铺得满满的……成为世界冠军后的乔红也有点儿小嘚瑟，回武汉时，问起父亲乔大友需要什么礼物，乔大友对女儿说："我不需要什么礼物，只要你能做到我说的两点就心满意足了：一是你虽然得了冠军，但不要飘飘然，要好好做人；二是既然你选择了打球这条路，就要好好走下去，为国家多作贡献。"瞧，多么深沉的父爱呀！

乔红最大的理想就是能够在奥运会上拿金牌，站在体育竞技最高的领奖台上。"人生能有几回搏？"为了实现这个远大的目标，乔红在熟悉的乒乓球台上苦练了12年后，终于以超人的毅力和精湛的球艺实现了这个理想，在乒乓球赛场上所向披靡，几乎没有对手。可以这样讲，她拿奖杯拿到手软，获得的证书可以堆成山。乔红最终成为国家女队中夺得两届奥运会乒乓球女子双打冠军的佼佼者。

1992年，就在出征巴塞罗那奥运会前夕，乔红却在训练中不慎扭伤了脚，走路还一瘸一拐的。奥运会双打比赛时，她坚持打一支止痛针上场，可一进赛场却像小老虎一样又蹦又跳。有人好生奇怪，问她在赛场上脚痛不痛，她回答说："当运动员的，只要上了场哪还顾得上伤不伤的？只有一门心思，那就是拼！"真是不容易呀，乔红就是凭着这股不服输的拼劲，在巴塞罗那奥运会上获得了一枚女双金牌和一枚女单金牌，实现了自己奥运会冠军的梦想。因她的拼搏，奥运会上国歌再次奏响；因她的不服输，鲜艳的五星红旗再次徐徐升起。也还是凭着这股不服输的拼劲，她一直拼到了28岁，拼到了第26届亚特兰大奥运会赛场。

本来在巴塞罗那奥运会后，乔红就嚷嚷着要退役，可领导做她的思想工作，结果一做便通。只要队里还需要她，乔红不会讲任何条件，而只要还在队里一天，她就会认真踏实地练好每一板球。最后乔红坚持打到28岁，拿了11次世界冠军，荣获"中国乒乓球运动杰出贡献奖"。

在亚特兰大奥运会上，乔红和日本名将小山智丽的这场球显得格外引人注目。自广岛亚运会后，乔红就做好了迎战小山智丽的准备，后来第43届世乒赛在天津举行，结果小山智丽患病未来参加。如果这次再不赢她，也许就再也没有机会了。比赛之前，乔红曾观看过小山智丽的两场球，于是，静下心来研究战术，寻找应对之策。最后，乔红以3∶0完胜小山智丽。从亚特兰大回国后的一天，乔红走在北京的大街上，被一位60多岁的老奶奶认出来。老人上前一把拉着乔红的手，噙着眼泪说："好姑娘，你把小山智丽打赢了，为国争了光，给我们出了口气，我给你鞠躬了！"

在亚特兰大比赛期间，一位乌干达黑人选手深知乔红的技术实力，不巧偏偏预赛中又不期而遇，自叹不如。比赛前一天就托人捎信给乔红，希望每局能让她6分。后来，那位黑人选手再见到乔红，还紧紧握住乔红的手，深深地向她鞠躬，并用生硬的中国话高喊"友谊第一，比赛第二"。

三、公认的"邓乔时代"

1988年，随着邓亚萍的横空出世，乔红开始与这位师妹联手配合双打。那简直就是一个珠联璧合、所向披靡呀！真是打遍天下无敌手！这在各种世界大赛中成了中国队的"双保险"。从此，世界女子乒坛进入了"邓乔时代"，两人几乎包揽了世界大赛所有单打和双打的冠军，为中国乒乓球称雄世界、威名远扬作出了巨大的贡献。

邓亚萍在女子乒乓球界一直是大魔王级别的人物，霸气外露，舍我其谁？她与大自己五岁的乔红组成了双打黄金搭档，彼此配合得十分默契，一起南征北战，无人可敌，成为风靡一时的世界乒坛女霸主。她们一次又一次把冠军奖杯高高举起，一遍又一遍让激昂的国歌在赛场奏响。

邓亚萍争强好胜，球风硬朗，求胜欲望特别强，眼睛里透露着一股子狠劲；大器晚成的乔红默默无闻，不争不抢，乐于奉献，无疑是邓亚萍完美搭档的最佳人选。邓亚萍是红花，乔红就是绿叶。红花还得绿叶配呀！有球迷说，没有乔红的帮衬，或许邓亚萍的光环会小一些，其实，乔红跟邓亚萍一样伟大！这已成为世界乒坛史上的一段佳话！

乔红和邓亚萍的第一枚双打金牌，是在第40届世界乒乓球锦标赛上夺得的。那时，中国乒乓球队正处于低迷状态，在这次世乒赛上，男子乒乓球队差不多全军覆没。乔红和邓亚萍这两个年轻队员的脱颖而出，无疑给中国乒乓球队注入了一支"强心剂"。之后，她们俩又在世界杯赛中再次夺冠。带着这些战果，她俩携手走进第25届、第26届奥运会，并取得了辉煌的成绩。在这之后，她和邓亚萍担当女子乒坛霸主长达十年之久，创造了被国际乒联公认的"邓乔时代"。这对堪称最成功的黄金组合，一直是中国乒乓球女队的顶梁柱，在历次团体赛中共挑大梁。

乔红（左）与邓亚萍（右）

乔红与邓亚萍两人的默契，不仅在于她们俩对乒乓球运动的深刻理解和共同追求，以及在顾全大局上的共同认识，还在于她俩的性格互补与相互信任。在亚特兰大奥运会上，因为女双金牌是本次奥运会乒乓球项目的第一场争夺战，胜败关系到整个乒乓球队此次征战的全局，谁敢掉以轻心？赛前，徐寅生、李富荣都说："这块金牌不能丢，不仅关系到女队，也关系到男队。"听这话的口气，无疑是给她们俩下了道死命令，因而所带来的压力也非常大，当时的气氛很紧张，弄得乔红与邓亚萍饭也吃不好，觉也睡不香。

没想到1/8比赛时，就遇上了台北选手陈静和陈秋丹。以往的比赛，乔红和邓亚萍在赛场上总是不停地合计对策。可此时的对手，却是曾和自己朝夕相处的师姐妹。一时间，一种莫名的压抑气氛压得她俩喘不过气来，相互间都懒得说话，似乎都在等待着厄运的来临。双方僵持已近白热化，当打到第五局以19：20落后的紧迫情势下，乔红递给邓亚萍一个眼神，邓亚萍微微点点头。乔红发球，对方搓回了她的发球，邓亚萍分明是读懂了她的眼神，只上前轻轻挑了一板，陈秋丹没接住。这一板却让陈静意想不到，按常理，这个球应该挡过去，挑过去实在太玄太险了。比分追到20：20，乔红胆子大了起来，对方却十分胆怯，回不过神来。乔红和邓亚萍终于以3：2击败对手，赢得了这场甘苦参半的特殊比赛。事后乔红对邓亚萍说："你一挑定乾坤啊！"邓亚萍却说："你的思路是对的，不大胆、不冒险，就很有可能功亏一篑。"

乔红在国家女子乒乓球队担任助理教练

善于配合别人是乔红对自己的评价。"我觉得我挺能配合人家的。她是进攻型，我是稳健型，我负责把球弄上台，由她来进攻。"当然，很多人都感慨："既生乔，何生邓？"但乔红自己却很释然，沉稳内敛的乔红似乎是个"知足常乐型"，没有邓亚萍那样强烈的好胜心。"我挺佩服小邓的，我没有她那种毅力。"

俗话说："一山不容二虎。"有人曾对乔红说："你和邓亚萍一起成名，同样为中国乒乓球队立下了汗马功劳，可是邓亚萍的名气却比你大，女单比赛常常是你输她赢。"对此，乔红只是坦然一笑。乔红在国际乒联公布的女子单打世界排名中，连续五年一直是第二位，邓亚萍却连续八年排名世界第一。有一次，乔红在北京火车站接母亲的时候，有一位年轻人走过来说："你是乔红吧，你太厚道了，你为什么不像邓亚萍那样凶一点呢？现在邓亚萍总是排名第一，你怎么想？"乔红笑道："体育比赛总是很公平的，谁有本事谁赢，邓亚萍练得比我苦，她应该比我得到的更多。"

邓亚萍也说："乔红是一名非常优秀的乒乓球运动员。我们俩能够融洽相处，靠的是我们有着共同的奋斗目标，两人心似明镜，没有猜忌，彼此信任。"就这样，乔红与邓亚萍如同一只雄鹰的双翼，带领着中国女乒腾飞于世界乒乓球的最高舞台。如果说她们代表着中国女乒的两面，那么邓亚萍代表的是光芒与荣耀的一面，乔红则更多代表着无私奉献的那一面！

这人生舞台啊，即便是再精彩的表演，也有谢幕的一天。从第26届亚特兰大奥运会回来，党和国家领导人在北戴河亲切接见载誉归来的奥运健儿们。一位熟悉、喜爱乒乓球运动的中央领导人环顾四周，关切地询问："乔红怎么没来？"原来，乔红被中国乒乓球协会公派去了国外。此时的乔红已年满28周岁，22年的"银球"生涯蕴藏着多少艰辛与泪水。这位乒坛老将前后参加了四届世乒赛、两届奥运会，每次都是战功显赫，每次都能捧得金牌而归。

2004年乔红和队友们获得丰田杯国际乒乓球邀请赛女子团体冠军

可以说她把自己的青春献给了小小银球，把生命年轮中最有光华的部分献给了国家的乒乓球事业，这也算是青春无悔吧！

乔红渐渐淡出了人们的视野，退役后先是前往北京体育大学攻读研究生，以后被派遣到日本交流乒乓球技术。7年之后，她选择了回国发展，当了一段时间的女子乒乓球国家队助理教练。

当时王楠在釜山亚运会遭遇"滑铁卢"后，一度走入自怨自艾的低谷。王楠主动提出让乔红担任自己的主管教练，乔红欣然答应。没想到王楠在乔红的调教下，迅速走出心理阴影。在巴黎第47届世乒赛上，王楠夺得3枚金牌，获得"大满贯"。有人曾好奇地问过乔红，你在王楠身上究竟用了什么妙招？乔红淡淡一笑说："其实，我真没什么招，就是跟她做个伴。在她最困难的时候，身边需要一个能够信赖而且知心的人，听她说说心里话。我只是充当了一个倾诉对象。她有份好心情，投入到训练中的精力自然

乔红在广东与青少年选手在一起

就多一些,打球关键还是靠她自己。"果然,王楠不负众望,成为世界乒坛第一人,24个世界冠军无人能及。

乔红用自己的经验和爱心,带领年轻球员继续书写中国乒乓的传奇,还培养了张怡宁和郭跃这样的超级悍将,后来当红的刘诗雯也经常受到她的指导,可谓"桃李满天下"!她们个个都是世界乒坛上一顶一的"大内高手",几乎包揽了所有的世界冠军,真是强将手下无弱兵啊!

乔红执教数年后离开了国乒,回到广东为当地青少年乒乓球继续作贡献,并担任广东青少年体育处一级调研员。2018年是乔红人生的又一转折,在她50岁的时候终于遇到了一个合适的男士,开始享受下半生幸福温暖的家庭生活。

2020年,52岁的乔红已退居二线,担任广东省青少年竞技体育学校校长。20多年的乒坛驰骋,她用心血浇铸了一块块金牌,向祖国和人民交出了一份出色的答卷。乔红先后获得国际级运动健将、"全国十佳运动员"和"湖北省劳动模范"等荣誉称号,获得"中国乒乓球运动杰出贡献奖",国家体委授予的体育运动"荣誉奖章"和体育运动"一级奖章"。

"叱咤羽坛" 韩晶娜

所谓坚持，就是于困境中坚韧不拔，
于逆境中顽强拼搏

在中国羽坛，流传着一段神奇的故事，这是一个教练的宏愿，也是他终生的最大遗憾。

中国羽毛球队总教练李永波在1993年上任之初，曾经立下誓言：要培养出100位世界冠军再退休。到2017年他卸任的23年时间内，虽说宏愿难以实现，但从1995年他率队获得第一个世界冠军——"苏迪曼杯"开始，到卸任为止，李永波已经培养出81位世界冠军。这也够牛了吧？这一成绩，古今中外无人能及，也是相当惊人，着实不易啊！

在李永波培养出的这81位世界冠军中，就有曾经叱咤羽坛的名将韩晶娜。

一、情有独钟

2019年10月,第七届世界军人运动会在武汉举办。10月9日,《长江日报》"市民观察团"到硚口境内的武汉体育馆,考察军运会的跆拳道比赛馆。武汉体育馆1956年建成后,为国家培养了7位奥运冠军,7位世界冠军,创下了辉煌的世界纪录。韩晶娜的冠军生涯就是从这里起步的。

韩晶娜1975年出生于武汉市硚口区,就读于硚口崇仁路小学。韩晶娜的爸爸韩举宪,是武汉内燃机厂的负责人。平时工作很忙,别说是关注女儿的爱好,就连她的文化学习都很少顾得上过问。妈妈在厂里做后勤工作,琐事缠身,也是一天从早忙到晚;回到家里还要忙家务,整天都不得闲。一家人住在硚口古田地区的内燃机厂宿舍。

儿时的韩晶娜对羽毛球情有独钟,从喜爱到痴迷,再到为此奉献出了青春年华。刚读书那会儿,学校的体育用品和体育器材很少,打羽毛球、乒乓球等活动只是在上体育课时,老师才能让大家玩一玩。

对于羽毛球,韩晶娜似乎有一种特殊的喜爱:一个半圆的橡胶球，插上一圈洁白的羽毛，很萌，好可爱！对打起来，羽毛球在空中如同白鸽一般上下飞舞，弹跳自如，轻盈欢快，像一个自由自在的小精灵，多么有趣！

后来，爸爸用木板仿照乒乓球拍做成一个羽毛球拍，木柄比乒乓球拍稍长；至于球也不是塑料羽毛球，而是用脚踢的那种毽子。韩晶娜对这种"土羽毛球"喜欢得不得了，和同学在课余时间玩耍，或是在宿舍门前比赛，玩得很起劲，特别开心！

韩晶娜9岁那年，有一天，小姨见她和邻居家的孩子用自制的球拍打羽毛球，兴致还那么浓，就问韩晶娜："你真的喜欢打羽毛球吗？"韩晶娜直点头地说："我好喜欢！"露出一脸的天真。

"那改天我给你找一位专业老师，专门教你打羽毛球怎么样？"小姨认真地对韩晶娜说。

"好哇，好哇！"这自然是求之不得的事。

过了一些日子，小姨真的告诉韩晶娜，说业余体校的徐秋教练已经答应了，要看看她是否适合练习羽毛球。

"哇塞！"韩晶娜一蹦三尺高，高兴得不知说什么好，她上前抱着小姨就是一阵猛亲。随后，喜滋滋地跟着小姨来到了武汉体育馆业余体校。

徐教练就是武汉体育馆体校的徐秋校长。他见韩晶娜个子高挑，脸庞白皙，端庄秀丽，一头过肩的乌发束成马尾辫，说起话来轻言细语，一副贤淑端庄的美人坯子，心中感到满意。然后点头说道："那就先试试吧！"

于是，正在读三年级的韩晶娜，开始利用业余时间到体校上羽毛球训练课。她每天从古田二路乘坐公共汽车到武汉体育馆，路上要花费近40分钟时间，训练、学习都不方便，家长也不大放心。后来，韩晶娜便转学到硚口区崇仁路小学借读，住在业余体校训练，才省了许多的奔波之苦。

独生子女可是现在家庭的"小皇帝",可父母从不把韩晶娜当"小公主"一样去溺爱和娇惯她。有了成绩,他们会在她高兴之时给泼泼冷水,以免她骄傲自满;有了挫折,他们又会适时细致开导,教她放平心态,正确对待。父母的言传身教,让这位青春年少的女孩子在不经意中多了些平实和刚毅,少了一些娇气和柔弱。

母亲对她更多的是生活上的照顾,教她生活的自理能力和为人

韩晶娜(左一)参加青少年羽毛球训练营

之道。韩晶娜刚进国家队的时候,妈妈送她到北京,一路上教这教那。到了运动员宿舍,母亲一直忙碌着为韩晶娜安排生活,边做边教,还托付教练们对她严加管束。临走前,母亲把韩晶娜日常该做的事情按时间段列成表格贴在她的床头。

韩晶娜的母亲煨得一手好汤,如排骨汤、鲫鱼汤、鸡汤都做得十分地道。她知道韩晶娜训练苦,身体也不好,总是隔三差五地把汤送到训练基地。多少年来,只要韩晶娜人在武汉,她从未间断过。许多队友在"沾光"的同时,无不赞美韩晶娜有一个好妈妈。即便是韩晶娜备战九运会时,她母亲也是每天提着一罐汤,乘两个多小时的汽车,过江过河,准时送达她所在的集训地。

说起父母，韩晶娜总不免愧疚："我的父母，为了我的成长和进步，倾注了他们全部的身心。可以这样说，我不是一个人在外打球，我的一家人，都是我的支撑，他们也在为羽毛球事业作奉献……"真是亲情无价啊！

二、艰辛付出

别看这精灵般飘忽的羽毛球轻盈盈的，韩晶娜真正投身于这项运动后才明白，它不仅需要异常灵动的步伐，还需要强健的体格，更需要付出辛勤的汗水和难以言状的艰辛。

她每天机械式地学习训练，十分紧张。早上6点起床，参加强化身体的基础训练，跑上5千米，还要做一些辅助锻炼；8点钟必须准时到学校上课；下午3点半钟放学后，又背着书包马上赶回训练场和队友们一起对练，一直到晚上9点钟结束；训练完后还得赶做作业。如此循环往复，简直累得要命，小孩子哪里吃得消？

训练的艰苦一般人是难以想象的。韩晶娜的父母经常下班后去看女儿打球，时不时地为她捡球。好多次，看到她和队友们大运动量过后在一旁呕吐、抽筋，心里非常难受，不止一次地问："晶娜，你受得了吗？要是受不了，就算了吧！"父母对她疼爱有加。当初，要不是小姨的说服，他们肯定不会同意自己的"千金"去学什么羽毛球。每当听到父母这样的问话，韩晶娜总是倔强地摇着头，"要说苦，大家都一样苦，为什么别人能坚持我就不能？我一定要比别人做得更好！"对这种艰苦的训练，她已经慢慢适应了。

老话说得好啊：孩大留不住。韩晶娜后来开始赴全国各地参加比赛，马不停蹄，很少回家。1988年冬季的一天，韩晶娜随队到广州比赛，路过武汉时，因赛程紧张不可能回家看望双亲。列车到武昌站时，已晚点至凌晨三点钟。让韩晶娜没料到的是，在凛冽的深夜寒风里，她的父母依然等候在站台上，等着看女儿一眼，还为女儿和队友们准备了许多好吃的。

韩晶娜至今还记得，当时心里就像是打翻了五味瓶，说不清楚是什么滋味。那次亲人见面，也就5分钟吧，可就这5分钟，却让韩晶娜一下子长大了许多……从广州比赛回来，父母仍然候在武昌站看她5分钟。在以后的岁月里，只要韩晶娜路过武汉，他们都是如此。后来，韩晶娜问过父母才知道，那时武汉的"的士"较少，夜间自然就更少了。父母深夜在站台送走自己之后，就在火车站前的广场上熬几个小时，直到公共汽车开班后，才坐头班车跨过两条江赶回厂里上班。可怜天下父母心啊！

徐教练对韩晶娜的要求很严格。按照训练计划说一不二，决不含糊。他经常讲："怕苦就别练，现在后悔还来得及。想出成果这点苦算不得什么！要不怎么会有人说竞技运动是残酷的呢？"当然，徐教练在教学方法上也不是那种古板、非要往死里练不可，而是非常注重队员们的灵活应变能力。有一次乘车去外地比赛，见途中寂寞，徐教练就建议两人一组进行碰手腕游戏：一个伸手击，一个出手挡，看谁动作敏捷。这种寓教于乐的游戏，不仅驱走了旅途中的疲劳与寂寞，还有意识地训练了大家的脑子和手腕。从此约定俗成，这游戏倒成了每次外出比赛途中的"保留节目"。

你也许想象不到，那时业余体校的训练是多么的严酷，生活条件是多么的艰苦！韩晶娜现在还能清楚地回忆起当年的情景："往往一天练下来，人像散了架似的，动都不能动。放学后和晚饭前的那段时间，队员们最容易饿，没有办法，只好到业余体校对面的饮食摊点上买几个冷馒头、烧饼，就着自来水吃下去。"

武汉的冬天奇冷，夏天酷热。一到夏天，宿舍里闷热难忍，又没电扇，更谈不上空调，大家只好拿着凉席到屋外找地方纳凉。室外蚊子多，起初大家还能赶一赶，拍一拍；后来实在是太疲惫了，谁也不去理会蚊虫的叮咬。一个夏天过去，每个人身上都会留下不少蚊虫叮咬过的疤痕。到了冬天，好多队员的手和耳朵都冻伤了，脚也冻坏了，却照样坚持训练。然而，就是这样的训练条件，这样的艰苦环境，让从小备受父母呵护的独生女韩晶娜得到了最好的磨炼。因此，她不仅球艺提高很快，性格也变得坚强起来。

1988年，在厦门青少年业余比赛中，韩晶娜获得了第二名。随后经国家队挑选作为中日友好交流团成员回访日本，取得了可喜的佳绩。

韩晶娜走上这条路，似乎是一种机缘的巧合，又似乎是命运的安排。

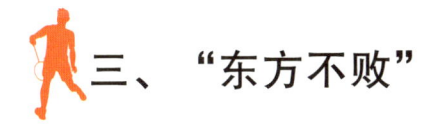

三、"东方不败"

1987年，韩晶娜考入湖北省体育学校，专攻羽毛球。与业余体校相比，这里的学习更加紧张，训练更加艰苦。除了要上文化课外，还要学习羽毛球理论知识，也让韩晶娜真正体会到了羽毛球运动的快乐。

她在省体校学习两年后，1988年由武汉体育馆业余体校选送到湖北省羽毛球队。1990年被选入国家队，从此，韩晶娜开始了专业羽毛球运动员的征战生涯。

作为一个名不见经传的新人，在国内的比赛中也没有什么骄人的成绩，韩晶娜在国家队感到了一种前所未有的精神上的巨大压力。在这里，除了教练要求更高更严格，训练运动量更大以外，还有一种看不见、摸不着的竞争气氛。这里没有故乡的熟人，也没有亲人的照顾，有的只是一种衡量运动员水平高低的标准，还有与国内运动员、国外运动员实力的比拼。韩晶娜很快就意识到，如果没有坚韧不拔的毅力和顽强拼搏的精神，很快就会无功而返，被淘汰出局。如果过不了这一关，冲击世界羽坛就只能是幻想。

国家队的体能训练是很艰苦的。从早晨6点钟开始，到晚上9点钟结束，每天在场馆里来回不停地奔跑、跳跃，体能上承受的负载之大可想而知。运动员在训练场上呕吐甚至尿血，也是常有的事，好在这些韩晶娜都习惯了。有一段时间，韩晶娜在训练中总感到头晕、全身乏力，运动过后很难恢复。经队医检查，诊断为运动型贫血。但她认为："运动员嘛，就是要运动，如果因为有点伤病就停歇，就会前功尽弃。既然走上了这条路，已经付出了很多，如果此时放弃，不仅对不起培养自己的各级教练，对不起自己的家人，也对不起自己当初的选择。"

之后每到比赛时，她都需要经常补充糖水。曾经有段时间，为了给她调理，厨师天天逼着她吃猪肝，一直吃了半年。"哎呀，后来我见到猪肝都想吐。"韩晶娜心有余悸地摇摇头说。为了提高自己的技艺，身体稍有好转又回到了训练场，练累了就歇一会儿，感觉稍好些了又继续练。在回顾初进国家队的训练生活时，韩晶娜觉得苦是苦，但是苦尽甘来："或许，这就是人生，而人生的好滋味，就像茶，就像咖啡……"这种环境最能磨炼人的意志。

在陈玉娘教练的培养下，韩晶娜形成了自己的一套打法，最主要的特点就是：技术全面熟练，进攻凶狠，防守稳健，以速度见长，上手较快，回球迅速，这一点被队里作为示范推广。同时，韩晶娜还兼练双打，训练比起单打来更难，既要反应敏捷，又要双方配合默契。尤其是在前半场的争夺愈来愈激烈的情况下，更是训练中的重中之重。因此，她在训练中特别注重训练"快、狠、平、近、压"的技术,这练起来自然比平时单打费力得多。韩晶娜为加强自己控制与反控制的能力,做到能攻善守,还经常利用业余时间主动找男队员陪练。

1991年,中国羽毛球队正处于新老交替之际,也时逢中国羽毛球低谷时期,像韩爱萍、李玲蔚、林瑛、唐九红等著名运动员随着年岁渐长,陆续退役。中国羽坛急需培养一批新人,将"接力棒"不断地传下去。韩晶娜迅速成长起来,成为国家队的女单主力。

1991年4月,韩晶娜参加世界青年羽毛球锦标赛,取得女子双打冠军、混双第三名;同年在新加坡举行的羽毛球公开赛上,获女子单打第四名。1993年,在中国555羽毛球公开赛上,韩晶娜获女子单打冠军;在香港公开赛上获单打第二名;在泰国公开赛上获单打、双打第二名。

一分耕耘,一分收获。1994年5月,韩晶娜参加南宁全国羽毛球锦标赛,取得女子单打第一名;同年,韩晶娜成为第16届"尤伯杯"团体亚军主力成员之一。1995年,她获得世界羽毛球锦标赛单打亚军;在澳大利亚羽毛球公开赛上获单打冠军。这一时期,中国队在国际大赛中多次夺冠,尤其是首次捧回"苏迪曼杯"。中国羽毛球整体水平已经走出低谷。

在时光的表盘上,总有一些耀眼的时刻。1998年是中国羽毛球队战功显赫的一年。在这一年的十强比赛中,我国羽毛球选手共收获15枚金牌,以韩晶娜为首的女队更是尽显英姿,获得女单5个、女双7个金牌。韩晶娜等主力队员还为中国女队夺回失去四年的"尤伯杯"团体世界冠军奖牌,成为在世界羽坛中占主导地位的团队。中国羽毛球队不愧为世界羽坛的一支王者之师!多年来,韩晶娜从无懈怠之时,以超人的付出和奋力的拼搏冲击奖牌,充分展示了她的奋斗经历和瑰丽人生,成为雄踞世界羽坛的"东方不败"!

1999年，韩晶娜因为身体原因，过早地从国家队退役，回到了湖北队，被湖北省体育局任命为湖北省女子羽毛球队教练兼运动员，后升为主教练。

湖北女队主教练韩晶娜率队参赛

2000年，韩晶娜远赴英国的一个羽毛球俱乐部教球、打球。2001年，趁着备战九运会的机会，韩晶娜回国代表湖北队参加了九运会羽毛球女子团体比赛，获得第四名。2005年十运会的时候，韩晶娜带的湖北女队夺得了女双金牌。2007年第六届城运会，女双又拿下了金牌。在全国青年羽毛球锦标赛中，她和队友又帮湖北老乡摘得了甲组的团体金牌哩！

在这期间，韩晶娜组建了一个温馨的家庭，还有一个可爱的女儿。2006年，她被选调到中国青年队当教练，在福州、厦门一集训就是几个月。2006年、2007年连着两年春节都是在福州过的。韩晶娜为培育中国羽毛球新生代的力量而默默奉献，也为实现自己能培养出奥运冠军、世界冠军的梦想而辛勤耕耘。你还别说，她培养出的赵芸蕾、王晓理、李茵晖等一批羽坛新秀，后来真成了世界冠军。

　　作为教练，韩晶娜很称职；可是作为母亲，面对女儿却很愧疚。她在外地一待就是10年，把对女儿的愧疚深深地埋在心底，"女儿是我最大的牵挂"。有一天，她收到了女儿寄来的信："妈妈，我很想你，你想不想我？你什么时候回来看我呢？"看到女儿那稚嫩的笔迹，韩晶娜的双眼都模糊了。2008年的春节，韩晶娜把女儿接到了训练基地，好好地陪女儿在那里过了一个快乐的春节。

为奥体中心少儿体校输送队员

　　韩晶娜是一个把羽毛球事业看得比生命还重要的人，一个甘愿把青春奉献给羽毛球运动的人。2001年，韩晶娜加入中国共产党。多次被评为"优秀共产党员"、湖北省"三八红旗手"，第31届奥运会突出贡献先进个人，2018年被国家体育总局授予体育运动"一级奖章"。

　　她曾说：作为硚口的"招才招商大使"，我将努力推动硚口的校园体育教育和青少年体育苗子培训等工作，把"世界冠军的摇篮"这张城市名片打造得更加闪亮。

"中国蝶后" 刘黎敏

不管结果如何，只有失败，没有失败者

2018年12月22日，湖北游泳队在省奥体中心举行成立60周年盛大纪念活动，奥运及世界冠军刘黎敏、赵菁、张雨涵等出现在活动现场，受到了隆重的表彰。

刘黎敏在1994年的罗马游泳世锦赛上，不仅夺得女子100米和200米蝶泳金牌，而且还与队友合作夺得4×100米混合泳金牌，并打破了世界纪录，由此获得"中国蝶后"的美誉。为了湖北的此次纪念活动，她特意从美国飞回武汉，无比感慨地说道："我生在武汉，成长于湖北队，感谢这一路上培养我的教练员们，他们为我打开了一扇窗！""我们武汉，江大湖多，如果把这个资源充分利用起来，游泳的孩子多了，就可以出更多人才。"

刘黎敏这位"中国蝶后"退役后远嫁美国，目前从事体育教育及培训工作。虽然相隔万里，她却一直在关注湖北队的表现。

一、萌娃喜爱碧绿泳池

1976年3月27日,刘黎敏出生在硚口区的汉正街。家住硚口区江汉桥小学的正对面,只隔一条不太宽的马路。

小时候,刘黎敏不仅个头长得要比同龄的孩子高,而且还很有个性。她性格刚毅而倔强,做任何事都很执着,不达目的决不善罢甘休。在妈妈肖芙蓉看来,女儿是个自小就有主见、敢作敢为、让家长十分省心的萌娃。

1980年,妈妈把小黎敏送到江汉桥小学附属幼儿

刘黎敏(后排右五)所在的江汉桥小学二年级(1)班合影

园。到第二年上中班时,她与同班的孩子相比,个子要高出半个头,圆圆的脑袋,俨然一个"假小子"。由于她个儿高,加上大胆、直率的性格,自然成了班上的"孩子王"。

1981年4月的一天,硚口区业余游泳学校的鞠自刚教练,来到江汉桥小学附属幼儿园挑选苗子。他本想从大班中挑几个适合游泳的孩子,结果转悠了半天也没看到个中意的,鞠教练很失望。他正与一位老师闲聊间,见几个追逐嬉闹的孩子从跟前跑过。其中一位高挑的女孩疾步跑动的姿态,让鞠教练眼睛一亮。他快步上前,一把抓住了欢闹着的刘黎敏,问老师:"这是谁家的孩子?"等弄清了小黎敏的身份,鞠教练不禁笑了,原来还是熟人呀!说起来,小黎敏的爸爸在省体育馆训练基地的车队工作,想不到和鞠教练还是同事哩!

鞠教练越看越满意,无论是从身材还是体形上看,小黎敏真是个百里挑一的好苗子!她胳膊和腿长得十分匀称而且修长,膝关节的柔韧性也很好,小小的体格却显得十分健硕,绝对是天生练游泳的好身板,鞠教练当下就决定收她为徒。

小黎敏的妈妈接孩子来了,听了鞠教练对女儿的评价和鼓动,当妈妈的被说得心动了,"那就去试试吧!"于是,小黎敏带着天真、带着好奇来到硚口区集贤路业余体校游泳池,这让鞠教练心情大悦。他忙不迭地把她带到游泳池,一边讲解动作要领,一边带着她熟悉水性。令人意想不到的是,小黎敏特别喜欢玩水,似乎天生就喜爱碧绿泳池;而且聪明灵光,对教练的训练课能做到心领神会,一点就通;尤其是自觉性强,不用督促,就能不停地在水池中练习划水,一招一式,十分认真,对游泳表现出浓厚的兴趣。

从此,游泳训练挤占了她全部玩耍的时间。每天下午,小黎敏定点从幼儿园到区业余体校游泳池参加训练。由于她悟性高还刻苦,在不长的时间里,蛙泳、仰泳、自由泳她全都学会了。满池子的游泳训练者，数她年龄最小，但她的表现又时常让同伴和场外围观的家长们不住地称奇。一次她刚从池子里爬出来，旁边的家长不知是谁说了一句："这是谁家的孩子，怎么没去上学呀，还没放学就跑这里游泳来了？"很显然，说这话的人是把她当成小学生了，谁又能想到她还只是一个5岁大的孩子呢。

小黎敏不仅喜欢游泳，也是一个爱学习的孩子。小时候，她常到家对面的学校的大操场上去玩。看到那些小哥哥小姐姐们背着书包进出学校时，很是羡慕，特别是看到课间学生在一起跳绳、打球、做游戏时，更有一种想加入其间的渴望。于是，小黎敏天天缠着爸爸要上学读书，可她才5岁，压根儿就不到上学的年龄呀。父亲刘建军犯难了。小黎敏可不管大人们怎样想，她就要上学，否则就不好好吃饭，不好好上幼儿园，连每天去学游泳也不那么听话了。

爸爸因工作关系与校领导、老师们都十分熟悉。他实在被女儿缠得没办法，只好试着去找校领导说好话，找学校老师磨嘴皮。好在有王惠秀老师的帮忙，王老师觉得，小姑娘虽然年龄小，可个头还不算矮，一双精明的大眼睛，透着聪明伶俐，一见就十分惹人喜爱。正值秋季新学年招生时，王老师又要从一年级教起。她就跟校领导商量说："考虑到刘师傅住在校对面，也帮了学校不少忙，家长和孩子有要求，还是答应收下吧，到时候就放在我班上！"

听到这个消息，小黎敏满心欢喜，终于实现了自己朝思暮想的愿望。新学年开学时，刘黎敏被编入了江汉桥小学一年级(1)班。王老师一直留心关注这位特殊的学生，没想到她年龄最小，可学习成绩一点也不比适龄的孩子差。汉语拼音她发音很准，汉字书写又工整，拼读反应也挺快的，还很会与比她大的小伙伴们处好关系，班里的集体活动也从不落下。当年教过她的老师都说刘黎敏和别的小孩子不一样。

最初老师和家长很是担心，刘黎敏虽然上了学，游泳训练还得照常进行，小小年纪的她受得了吗？其实，大人们的担心是多余的。你别看她小，却很会安排时间。有空就抓紧完成练习，从来没有不交或迟交作业的现象。小黎敏觉得，起初吵着闹着要读书，如果学习成绩不好，还不如不读哩！即使学习很紧张，但她仍坚持参加游泳训练。

就在小黎敏上小学三年级那年，她被选入省体育馆业余体校游泳班参加训练。为了方便学习，父母决定将她就近转学到硚口区体育馆小学就读。听到这个消息，同学们都舍不得她离开。有同学找到班主任说："王老师，您带我们去和刘黎敏同学照张集体照，留个纪念吧！"王老师同样也舍不得刘黎敏离开，听了同学的建议后满口答应。于是，王老师带着全班同学到"天真"照相馆拍了一张特殊的班级集体照。这张珍贵的"老照片"，记载了刘黎敏天真烂漫的少年时代。同时也记载了她与老师、同学们结下的纯真友谊。

从此，刘黎敏不仅要应对新的学习环境，也要应对新的训练要求。这对一个不到9岁的孩子来说，无疑压力更大了。她一般是上午到学校上课，下午到体育馆训练，所以，每天的作业都是利用下课时间和午饭后短暂的休息时间尽快完成。由于刘黎敏下午不能上课，就委托同学帮她抄上作业题，放学路过体校时再转交给她。晚上训练一结束，她回家的第一件事，就是尽快完成当天的作业，从不懈怠。因此，尽管训练抓得很紧，但她的学习成绩在班上却一直名列前茅。

二、超越自我"破茧成蝶"

范老师是刘黎敏三年级的班主任，见这孩子是个学习的料，就不止一次地找到刘黎敏的爸爸，想让她一条心读书，将来考个重点中学，再上个名牌大学绝对没有问题。

爸妈见女儿练得实在是太辛苦了，也劝她算了，专心去读书。可小黎敏就是不答应："都游了这么多年了，放弃太可惜，路是我自己选择的，我一定要坚持走下去，等将来出了成绩再去读大学也不迟！"后来的结果证实，她选定的路是对的。

多少年以后，刘黎敏说："我小时候学游泳，肯定就只是喜欢。后来看国内第一次转播奥运会的时候特别激动，这对我来讲是一个启发，一次新的认识。当你一段一段地发展，拿儿童组的冠军、少年组的冠军，慢慢进省队，视野宽广了，才会有拿奥运冠军的想法产生。"

这种想法促使刘黎敏的训练上了一个台阶。她的毅力、刻苦程度和自觉性也更强了。那时候呀，游泳场馆设施都比较简陋，到了冬天，说是室内温度有26度，其实空旷的场馆往往十分阴冷。刘黎敏穿着泳衣还没下水，早已冷得瑟瑟发抖，一出水，全身又冻得发紫。就是这样的环境，刘黎敏从来没有抱怨过，有

泳池边的刘黎敏

教练在场和没教练在场都一样，非常自觉，对每一次的游泳训练她都十分专心，十分投入。

1988年，12岁的刘黎敏入选湖北游泳队，在同龄的孩子中她算得上是一个佼佼者。在省队，有幸遇到她人生新起点的良师赵戈教练。这位执教了4个春秋的年轻教练，是个肯动脑筋、喜欢琢磨、善于计划，把事情安排得有条不紊的人。只通过几次训练的观察，他就发现了刘黎敏身上存在的弱点。

刘黎敏虽然身体条件不错，柔韧性强，训练系统，极具潜质，但是，她的爆发力不强，力量明显不够，倒边、转身等一些细小动作还不够成熟。如果不解决好这些技术上的问题，就难以在今后的大赛中取得好成绩。赵教练费了一番工夫，针对女孩子心理和生理上的特点，为刘黎敏制订了一个时间跨度长达6年的训练计划。

赵戈教练把她看作一块璞玉，决定潜心打磨，精雕细琢。在每一节训练课上，刘黎敏在水中挥臂击水，赵教练手拿秒表来回跟随，将刘黎敏每一次的训练成绩列成表格，把时间、频率、脉搏等数据记得清清楚楚。到了月末，再把每天、每周、每月的数据进行累计比较，综合分析，从中发现问题，找出规律，有针对性地固强补弱，简直就是在专为刘黎敏"开小灶"。进省队半年后，刘黎敏的训练基础已相当扎实，原有的弱点也在逐步克服，大家都十分看好她。

可是，在后来的一次测试比赛中，刘黎敏竟然连前十名都没有进。经过这次失败，刘黎敏开始自省。这就是她后来总结的三个"自我"：肯定自我、创造自我、超越自我。"肯定自我"，也就是失败后仍要准确地找到自己的位置，不要轻言放弃，输了再来，要勇于创造自我，敢于超越自我。

为了提高自己的臂力、腿力、腰腹韧性和划水耐力，她付出了几倍于别人的努力。为加大臂力，刘黎敏就躺在训练房的器械上双臂平举，向前平拉橡皮筋，一拉就是几百次、上千下；为增加自己的腰腹力，她除了正常的训练课程外，晚上睡觉前，还要坚持做仰卧起坐 200 次以上；为提高耐力，每天早起坚持 5 千米长跑，她总是以最快的速度跑完全程，在游泳池里练习划水，每天要往返几百个来回。她经常说："要说苦，大家都很辛苦，要想出成绩就得比别人吃更多的苦才行！"

有一个周末，刘黎敏从省队训练完后回家，一进门就找妈妈要治外伤的药。当时妈妈也没在意，因为运动员有个小伤小病是常有的事，就指了指存放药品的柜子让她自己去找。可扭头一看，见女儿走路一瘸一拐的样子，心一下子提到了嗓子眼，忙问："你这是怎么了？"刘黎敏头也不抬地说："训练用的脚蹼太大，不合脚，磨的。"妈妈赶紧凑上前一看，只见她的脚踝关节处已磨破了一大块皮，由于在水中浸泡的时间过长，腐烂处已经看得见白花花的骨头。妈妈心疼得不知说什么好，连忙帮她敷药，并劝她请假，到医院治伤，等脚好了以后再参加训练。谁知她坚定地摇摇头，第二天天不亮又照常出早操跑步、训练去了……爸妈见了心里那个疼啊，无法言表！可刘黎敏从未叫苦。

刘黎敏开始超越自我，破茧为蝶。功夫不负有心人，她的刻苦训练终于在她 14 岁时有了回报。1990 年 7 月，在湖北省第 8 届运动会上，刘黎敏获得少年甲组 100 米蝶泳、200 米自由泳、200 米混合泳和 4×100 米自由泳、4×100 米混合泳接力等 5 枚金牌，100 米蝶泳成绩还打破了全省少年组的纪录。她像一颗耀眼的新星正冉冉升起！

她的这一出色表现，不仅让省游泳界大为震惊，还引起了国家队的关注。1991 年 9 月，她参加全国游泳锦标赛，获得女子 100 米、200 米蝶泳两项第三名。第二年在上海全国游泳锦标赛中，获得女子蝶泳 100 米、200 米两项冠军。从此，刘黎敏在游泳池里劈波斩浪，所向披靡。在她钟爱的碧绿泳池里尽情畅游，争金夺银，硕果累累。

三、"中国蝶后"战绩辉煌

1993 年，刘黎敏进入国家队。这年的世界杯游泳系列比赛在上海举行，刘黎敏和她的队友与世界游泳强队德国队同台较量，出师告捷，她夺得女子 200 米蝶泳冠军。紧接着在北京的世界杯短池游泳系列比赛中，她又获得女子 100 米、200 米蝶泳冠军，为中国队再添两金。短短的几天内，她就获取了三枚金牌，而且是她平生以来第一次参加国际大赛，没想到有这么牛！第一次出征就首战告捷，心中的那份喜悦自不必说。

刘黎敏在比赛中

同年12月，刘黎敏随国家队出征西班牙帕尔马市，参加首届世界短池游泳锦标赛。此次比赛，可谓强手云集，但中国姑娘一参赛就迎来了开门红，女子游泳队包揽了四个项目的金牌，并创下三项世界纪录。其中刘黎敏为中国队夺得第一个短池游泳世界冠军，并获得200米蝶泳冠军、100米蝶泳亚军；又与队友合作，夺得女子4×100米混合泳接力第一，并以3分57秒33的成绩打破世界纪录。

刘黎敏的成名之战是1994年8月罗马举办的第7届游泳世锦赛。在女子100米蝶泳比赛中打响了第一炮，夺得冠军，打破了世锦赛纪录。她一人夺得女子100米和200米蝶泳金牌，并与队友合作夺得4×100米混合游泳金牌。那一年，世界泳坛称誉刘黎敏为"中国蝶后"。

随后，刘黎敏在1994年10月广岛亚运会上又夺得了这三个项目的冠军，并创造了两项蝶泳的亚洲纪录，实现了湖北泳坛的历史性跨越，并震惊了世界泳坛。

刘黎敏在训练中

1995年，在日本福冈举行的第18届世界大学生运动会上，刘黎敏获得100米蝶泳冠军，为中国队夺取了第一枚金牌，并打破了大运会纪录。同年12月，在巴西里约热内卢举行的第2届世界短池游泳锦标赛中，刘黎敏获女子100米蝶泳冠军，并打破了这个项目的世界纪录，紧接着又夺取女子200米蝶泳金牌。

刘黎敏在一系列世界大赛中战功显赫，并多次打破世界纪录，为低谷中的中国游泳事业增添了光彩，为中国泳坛写下了辉煌的一笔。此后多年，刘黎敏一直是女子蝶泳100米、200米的亚洲纪录保持者。1995年当选"全国十佳运动员"，并获"国家体育运动荣誉奖章""湖北省劳动模范"等荣誉称号。

作为中国游泳鼎盛时期的"五朵金花"之一，刘黎敏创造了自己运动生涯的辉煌，也留下了终身遗憾。对从事体育运动的人们来说，能参加奥运会，是一生最高的荣耀；能获得奥运金牌，更是一生追求的最终目标。刘黎敏一直都有这个梦想，渴望能在奥运会赛场上独占鳌头，然而，"中国蝶后"在奥运比赛中与金牌失之交臂，最终饮恨奥运，亚特兰大成了刘黎敏刻骨铭心的痛。

"遗憾难忘，遗憾也成了动力，那动力帮助我成长，开始新的生活。"刘黎敏说，"不管结果如何，只有失败，没有失败者。"这是她的至理名言。

1998年八运会结束后，22岁的刘黎敏作出了人生的一项重大选择，离开中国游泳队到美国上大学。其间，她参加了两届全美大学生运动会，拿到三个冠军、一个亚军。同时又不断地回国参加全国大赛，从1999年到2000年，她的世界排名一直保持在前两位。1999年，刘黎敏退役后继续在美国内华达州大学读书，取得硕士学位后进入该州旅游局工作。并自己投资创办了高山教育协会，不仅成为美国公务员，还开办了自己的公司。

2003年6月，刘黎敏和美国内华达州旅游局局长柏路思同行回到武汉，他们考察了武昌。当人们问起，你是怎么把美国的旅游官员带到家乡的，一向谦逊的刘黎敏笑着说："这是因为我的关系。""他们很在意我的体育背景，同时，美国人很在意中国的广大旅游市场。"当时，柏路思局长对于中国的了解，绝大多数是通过刘黎敏得知的。此行的计划原是赴海南考察的，因柏路思很想看一看刘黎敏的家乡，于是他们到了武汉。就这样，刘黎敏架起了武汉和内华达州友谊的桥梁。

刘黎敏在美国的大学同学和队友

经过她的穿针引线，美国内华达州与湖北省签订了友好合作协议，双方约定客源互送、旅游网络互联、建立定期互访，刘黎敏也因此获得了"湖北旅游民间大使"的称谓。

2010年，34岁的刘黎敏与美国内华达州大学历史教授夏互辉喜结连理。刘黎敏在美国已生活了多年，并拿到了绿卡，但她却以一种毋庸置疑的口气表示："我现在没有加入美国国籍，将来也不会加入美国国籍！我的根在中国，最终我会回来的！"

奥运"追梦人" 肖海亮

拼搏靠自己，前途靠努力，夺冠靠实力

  2006年，在硚口宝丰路人民体育广场刚建成之际，就将从硚口走出的15位世界冠军的名字刻于广场。在体育广场演艺台两边，各有一道签名墙，分别签有：韩爱萍、田秉毅、童辉、尚幅梅、陈静、乔红、伏明霞、肖海亮……这些名字，拥有一个共同而令人骄傲的称号：世界冠军。

  肖海亮，从那个在跳台上不敢往下跳的"胆小鬼"，到后来的奥运跳水冠军，他经历过挫折和磨难，受到过来自亲人、朋友以及对手的巨大压力。同时，肖海亮也享受着经历挫折与压力后的成就和荣誉……

一、编外小队员

1977年3月15日,肖海亮出生于武汉硚口的一个体育世家,祖籍为安徽金寨。父亲肖爱山是前湖北省体育局局长、著名跳水教练,曾经培养出童辉、周继红、伏明霞等一批跳水奥运冠军、世界冠军。母亲陶菊蓉是著名汉剧表演艺术家。一看便知,这是一个典型的事业型家庭。

肖海亮似乎没有其他孩子那样五彩斑斓的童年时光,他只是一个游泳池边泡大的孩子。他后来回忆说,如果为自己的童年画一幅画,画面上只有一个跳水池,一个跳台,然后画上一个孩子在那儿训练。他说:"从我记事开始,就一直在跳水池边长大,我最喜欢的颜色就是蓝色,水的颜色。"

小海亮刚出生时,正是父亲肖爱山事业上最紧张繁忙的时候。他父亲不停地选苗子、搞教学、抓训练、带队参赛,一天到晚忙得不亦乐乎。他母亲是武汉汉剧院的尖子演员,还兼着行政工作,平常练功、排戏、拍电影、上电视、处理政务,每天是眼睛一睁忙到熄灯。家里又没老人帮着带孩子料理家务,所以海亮小时候的生活很不稳定。那时他小,不够上幼儿园的年龄,常常是送东家、托西家，全靠邻居和朋友们照顾。说白了，海亮就是一个吃百家饭长大的孩子！

好不容易熬到肖海亮快3岁了，父母找熟人托关系把他送进了幼儿园。可问题又接踵而来，夫妻俩都因为工作忙，难以准时接送孩子，只好让小海亮上了个全托班。但有时候，就连星期天，肖爱山夫妇都没有时间去接儿子回家团聚。因此，2岁8个月的小海亮在幼儿园一待一个星期，甚至有时候半个月。有一天他回来对妈妈讲，我们老师说我是幼儿园的"常驻代表"。当时父母听了以后，虽然感到小孩说话很好笑，但心里却是酸酸的。他们常常感到内疚，总觉得有点亏欠孩子。

7岁那年，小海亮该上学了，他就读于硚口区体育馆小学。肖爱山在江南上班，不能照顾孩子；妻子在江北上班，海亮在江北上学，照顾孩子的任务自然落在了妻子的身上。当时，他们居无定所，无奈，陶菊蓉只好和孩子借住在武汉体育馆的一间小屋里，一来自己上班近些，二来可以照顾海亮就近上学。

小海亮放学早，家里又没人，每天下午放学后只好在体育馆里晃荡，像个"游神鬼"。他看到业余体校跳水班的小队员们在弹簧床上蹦蹦跳跳，觉得好玩过瘾，便想和他们一起玩。教练知道他是肖爱山的儿子，也就满足了他的要求。这样一来，跳水班又多了一个编外的小队员，直到一星期后妈妈才知道。爸爸得知后劝他不要练这个，太辛苦！肖爱山当然清楚其中的苦乐。可小海亮就是不听，他说他不怕苦。这倒不是因为他犯迷糊，而确实感到好好玩、好有趣！

一天，跳水教练胡德美碰到肖爱山，笑着对他说："你儿子真有意思，非要玩跳水。"肖爱山一直想让儿子多读些书，能考上大学。因为他自己15岁当运动员，没读什么书，妻子13岁就上戏校，也没有上过大学。但老话说得好："家有良田千亩，不如一技傍身"，"技多不压身"嘛！既然孩子有兴趣，本不是什么坏事，游泳跳水也算是一门技艺；再说了，有个地方能拴住这头"神兽"，省得他到处瞎跑，节外生枝，肖爱山也就同意让他去跟着训练。

就这样，肖海亮和伏明霞、易红等一起进了业余体校，成为一名业余体校特殊的小队员。说他特殊，是因为教练们都知道他家的状况，对他只是限于照顾多，要求上自然松一些。他想练就练，不想练就在旁边看一看，只要不出意外就行，对他要求不高也不严。当时，他们都是10岁左右就离开了父母，然后到外地训练，有过争吵、打闹，但更多的是相互的关心和鼓励。年龄稍大后，想做什么事，因一时找不到父母商量，只好自己做主，慢慢地就养成了独立自主的习惯。

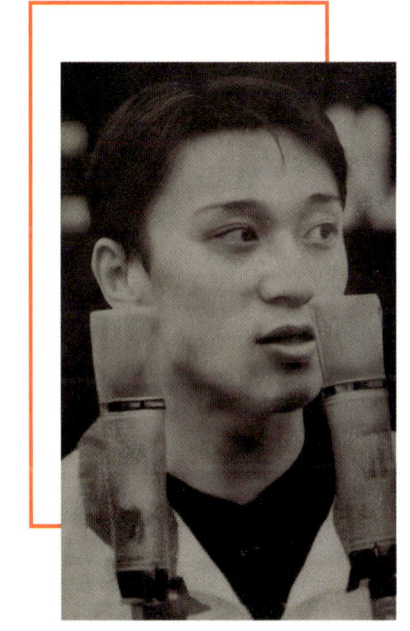

肖海亮

肖海亮的妈妈是一个十分较真的人，性格刚强，最能吃苦，在戏校时，就是练功练得爬不起来，也未掉过眼泪。她对儿子说："你既然选准了这条路，就要好好地走下去。"并经常督促海亮认真去训练，由于有些跳水动作翻腾较复杂，9岁的海亮胆小不敢，妈妈知道后对他说："想搞体育就必须把基础打牢，不下狠心不吃苦头只能是一事无成。"有一次业余比赛，赛前要准备一套完整的动作，但肖海亮有一个向后翻腾的动作总也不敢跳。陶菊蓉一连逼了儿子三天，因为这是第一次跳5米台，所以肖海亮还是不敢跳，最后陶菊蓉火了，她最见不得胆小不上进的人，就跟小海亮一块上训练场壮胆。小海亮呢，仍旧不敢跳，看到儿子这么不争气，母亲硬是把儿子一把从5米高的跳台上推了下去。打那以后，小海亮再也不怕了。

肖海亮（左）与熊倪（右）获悉尼奥运会金牌

吃得苦中苦，方为人上人。1986年暑假，全国业余跳水比赛在湖北英山县举行。9岁的肖海亮竟敢参加14岁年龄组的比赛，别看他是初次上阵，居然拿到了跳台第五名、跳板第四名。教练们也开始对他刮目相看，从这次比赛中看到了他的跳水天赋。

第二年的3月份，有一天，肖爱山看到办公桌上，有一份武汉体育馆业余体校上报的推荐进省队的名单，里面清楚地写着肖海亮的名字，这令肖爱山十分震惊。"嗬，没想到这小子竟然练得有些名堂了！"然而，他心里却怎么也高兴不起来，他不想海亮学跳水，因为太累太辛苦，需要付出许多，这一点，作为跳水界资深教练的他比谁都心知肚明。再者，父亲还是想让他好好读书，学外语，当翻译，将来更有出息些。

当肖爱山夫妇第一次慎重地跟小海亮谈未来的人生道路时，对于学外语当翻译的事，肖海亮的回答语出惊人："当翻译多没意思，成天跟在别人屁股后面，老跟着别人鹦鹉学舌，自己想说什么还不能说，我才不愿意哩，我还是喜欢去跳水！"就这样，肖海亮给自己选定了一条充满辉煌又铺满荆棘的坎坷之路。

二、打拼靠自己

肖海亮的跳水生涯并非一帆风顺。回顾当年，肖海亮说："因为父亲那时是省体委副主任，所以总有些闲言碎语说我靠父亲、走后门什么的。父亲鼓励我，认准了的路就要坚持走下去。于是我就拼命地努力夺取好成绩，证明自己凭的是真本事。"都说子承父业，"但我父亲其实不太想让我去从事这项运动。"

学校的老师们也有误解：既然肖海亮有个好爸爸，将来的前途一定会很辉煌，学习的好与差也无所谓了。其实，肖海亮在学校里学习很用功，门门功课优秀。练跳水，教练都碍于肖海亮父亲的特殊身份和面子，跳好跳差都由他自己，很少去逼他苦练。为此，他心里难免有一种捉摸不透的失落感！

这些无形的东西终日缠绕着他，让他挥之不去，有口难辩，逐渐发展为成长中的烦恼。快要进省队的时候，肖海亮又遇到了烦心事。20世纪80年代，能进专业体工队就如同上了重点中学，甚至于进了大学。队里包吃包住，每月50元津贴，每年发多套运动服。每次比赛还不是一个固定的地方，国内不用说了，弄得好还可以出国，多少人羡慕都来不及。只要在省队干上一些年，就一定会安排工作。而且，退下来也算个体育人才，在一些机关、团体、学校、企业，那可是抢着要的"活宝贝"。风风光光，终有所靠，该多美呀！别人当然这么认为，肖海亮闭着眼睛都能进省队，因为他父亲是专管体育工作的领导，得天独厚的条件，谁又能比得了呢？

肖海亮进了省队还是如此，没有教练愿意带他，倒不是因为他自身条件不好。肖海亮最烦这样的事，后来次数多了，日子久了，他也慢慢地明白了，做谁的儿子身不由己，怎么个活法靠的还是自己。从认清这个道理的那一刻起，他就暗暗发誓要刻苦训练，尽全力去挑战人体的极限，用成绩来证明自己的实力。1989年，12岁的肖海亮参加全国乙级跳水冠军赛，获得男子1米板、10米跳台和全能3项亚军。

拼搏靠自己，前途靠努力，夺冠靠实力。这句话已成为肖海亮的座右铭。他心有志向，去执着追求，靠实力铺就了通往成功的道路。

1987年，肖海亮进入国家集训队后，遇到的还是那个烦恼：别的队员的训练计划安排得井井有条，他却没有任何安排。一年多时间内，连一套完整的动作都没有系统地练过。教练顾得上就看一看他，顾不上就让他在一旁自己去练习。和他一起的队友中，一些人开始在国内比赛中崭露头角，他却不能。本来自己的基础就稍差一些，以至于到了后来，成绩排在了最后几名。

肖海亮虽然想过打退堂鼓，因为他实在无力冲破这张无形的网。在国家队是很现实的，行就是行，不行就是不行，没有情面，没有照顾，唯有成败论英雄。他在这种说不清、道不明的负压下面终于向自己妥协了，鼓足勇气告诉爸爸，他不想再练下去了。肖爱山听后非常恼火，不容置辩地告诉他：你没有退路了，这条路你必须走下去！

1991年5月，肖海亮的恩师刘世民教练从湖北调往国家集训队，国家集训队把湖北的肖海亮和另一位"带训"队员交给他打理。这对于肖海亮多少是些慰藉，一来原本都是熟人同乡，二来毕竟有了固定的教练。训练开始有了自己的计划，也有了稳定性和针对性，他心头又燃起希望。刘世民教练也勤勤恳恳地带着这两个湖北人，尽心尽责，精雕细琢。

情况开始出现反转，肖海亮一下成为整个运动队训练量最大的了，经常练到双腿抽筋。但他再也没有想到过退却，而是以一定要争口气的信念，立下为国争光的志向，要倾其心智去实现这一抱负。从此，在国家队肖海亮比任何人练得都苦。常常过了开饭时间才到食堂，剩菜剩饭不说，连馒头都是别人掰剩的半截子。有的队员遇到这种情况宁肯到街上去吃，可肖海亮从不计较，只要有吃就行。

真是功夫不负有心人！1992年5月，肖海亮参加全国跳水冠军赛，首获男子10米跳台亚军。海亮觉得自己还不错，就更坚定了跳水的信念。1993年的3月，他参加莫斯科"春燕杯"国际跳水邀请赛，夺得男子跳台跳水亚军，开始在国际大赛上崭露头角。同年6月，在北京举行的第8届世界杯跳水赛上，肖海亮奋力拼搏，跻身前三名，排在世界名将熊倪和俄罗斯选手萨乌丁之后，令业内人士刮目相看。同时获得男子团体和混合团体两枚金牌，让肖海亮品尝到了成功的喜悦。这年毕竟是他有生以来第一次参加重大的国际赛事。

1994年，肖海亮在维多利亚举行的国际跳水赛中、在美国阿拉莫国际跳水赛上、在天津世界跳水四强对抗赛中、在日本广岛第12届亚运会上均获得男子跳台亚军。1995年，肖海亮在中国杯国际跳水公开赛上夺得男子跳台冠军；同年8月，参加美国世界杯跳水比赛，获男子团体、混合团体、男子双人3枚金牌。然而，肖海亮对这些成绩并不满足，他心中有着更大的梦想！

三、奥运追梦人

肖海亮的梦想就是拿奥运会冠军。第一场奥运会选拔赛，当时可能所有的人都没有想到肖海亮能够跳得那么好，他发挥了自己的水平,拿到了一个第一名,一个第二名。1996年,19岁的他第一次参加奥运会,在亚特兰大奥运会上获得10米跳台季军,只拿了一枚铜牌。当时,他老爸开玩笑说:"虽然你拿了一个奖牌,但是好像颜色、色泽差了一点。你能不能下一次把这个颜色换一下,换成亮一点的。"这句话虽然有点调侃,但却一直在鼓励着他,鞭策着他。

1997年,肖海亮在意大利举行的世界大学生运动会跳水比赛中获男子跳台冠军。几乎就在同时,肖海亮被诊断出视网膜穿孔,手术后不得不从10米跳台转到3米跳板,从国家队的第一主力变成了替补。他在那段时间里经历了跳水生涯的最低潮,虽然1998年,肖海亮在国际泳联跳水大奖赛美国站的比赛中,与余卓成合作获得男子双人3米跳板冠军,但在他的运动生涯中也出现了一次"大跳水"!

俗话说,福无双至,祸不单行。就在肖海亮22岁那年,一天下午,济南正在举行全国跳水冠军赛男子3米板复赛。肖海亮在前一天的男子3米板预赛中获第一名;现在的半决赛他要完成307C的跳水动作,也就是向后翻腾三周半,难度系数是3.5,属于高难动作。不幸的是,肖海亮在半决赛的第五个动作中,转到第三圈时不慎头部磕在板子上,当场人事不省,坠入水中,顿时血染泳池。在场的湖北电视台的摄像记者拍摄到了惊心动魄的全过程。

如果说视网膜穿孔是跳水运动员的职业病,那么,头磕跳板或跳台则是跳水运动员的大忌。肖海亮被在场工作人员抢救出水面后,仍昏迷不醒,只见他后脑部出血,全身不能动弹,被立即送往附近的山东电力中心医院接受治疗。幸运的是他并没有留下后遗症,只是头部外伤缝了8针。许多人都认为肖海亮的运动生涯就此结束,当时家里也反对肖海亮继续跳水。

肖海亮后来回忆说:"我大概昏迷了有两三分钟的样子,醒来的时候，就像在做梦一样，我还以为睡着了。然后就听见周围有很多人喧闹的声音，待意识渐渐清醒，才知道自己好像是受伤了，整个后脑勺淤血，肿了很大一块。然后我就动动手，动动脚，还能动，我心里总算有点安慰，就觉得自己还比较幸运。"

父母得知此事后心情非常紧张，第二天早上乘坐头班飞机赶到济南，急匆匆地来到病房。肖海亮一见到母亲就想挣扎着起来，他说："妈妈，我还好，不要紧的，我还可以跳，我一定能够跳！"这种永不言败的意志力可能起到了很大的作用。父母当然是不太同意肖海亮继续跳水了。而且当时离奥运会选拔赛已经很近了，大家都担心他能不能恢复。结果，坚强的肖海亮 15 天时间就恢复了。真的！谁都不相信他能够这么快就再次站到了跳板上。这也太魔幻了吧！

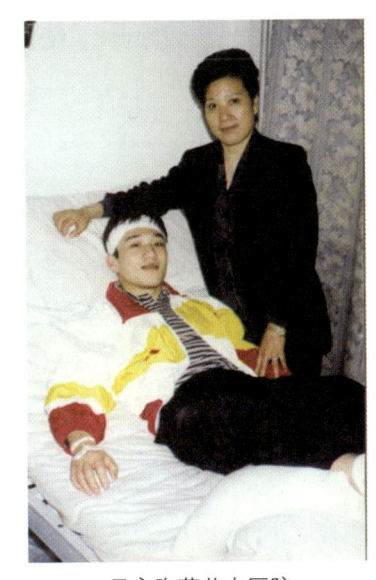

母亲陶菊蓉在医院看望受伤的肖海亮

1999 年，在新西兰惠灵顿举行的第 11 届世界杯跳水赛上，肖海亮与余卓成合作获得男子双人 3 米跳板冠军；同年，又在德国罗斯托克举行的世界杯跳水系列赛德国站的比赛中，获得男子 3 米跳板冠军。

2000 年，肖海亮迎来人生的高光时刻。他在澳大利亚堪培拉举行的世界杯跳水赛中，与熊倪合作获男子 3 米板双人跳冠军和 3 米板单人亚军；同年，参加中国香港举行的国际跳水系列赛香港站比赛，获男子 3 米板冠军；尤其是在这一年的悉尼第 27 届奥运会上，肖海亮与熊倪合作，以 365.58 分的优异成绩获得男子 3 米板双人金牌，终于圆了他的奥运冠军梦。

当肖海亮拿回奥运金牌时，父亲肖爱山眼噙泪花，终于如愿以偿了。儿子让他看到了那个由暗一点的黄色，变成了亮一些的、金灿灿的黄色——金牌了！这是一个感情不很外露的父亲，可是那一刻，他真的是很高兴，有一点激动，甚至有点儿语无伦次。

2000年10月，江城武汉秋意正浓。肖海亮手捧征战悉尼获得的金牌，回到他儿时梦想起步的地方。在硚口区体委六角亭体育场竣工典礼上，家乡人特地邀请肖海亮剪彩。他真诚地答谢家乡人："硚口是我起步的摇篮，我的成功同样倾注了硚口人的心血，我希望硚口区有更多的体育人才去争夺世界冠军，为国争光！"

2001年，练了18年跳水的肖海亮正式退役。从1988年进入国家跳水队到退役的13年间，他先后获得7个世界大赛冠军，两度当选"湖北省十佳运动员"，被国家体委授予"体育运动一级奖章"，获得"国际级运动健将"和"湖北省劳动模范"的荣誉称号。

退役后的肖海亮，担任了湖北省跳水学校校长和《体育周报》专栏记者。2002年，肖海亮在武汉大学获得经济学学士。2005年，在武汉大学开始学习EMBA课程，后进入商界，成为富隆酒窖的武汉负责人。2006年9月21日，肖海亮在人生赛场上完成了他最为甜美的一跳，与24岁的空姐赵莉在武汉香格里拉酒店举行婚礼。婚后育有一儿一女。

2008年，肖海亮与父亲肖爱山一起参加北京奥运会的火炬接力，成为武汉第52棒火炬手。2017年11月，肖海亮参加硚口区"为爱健行汉江湾 健康武汉嘉年华"活动。他带领5000余名市民，一道健步汉江湾，引得一大拨迷弟迷妹们尖叫连连，直呼偶像……2018年7月27日，肖海亮成为武汉市"迎军运"硚口区文明形象代言人。

"跳水皇后" 伏明霞
超人的代价换来超人的成绩

中国跳水队频出"跳水皇后",这是全世界都公认的。从高敏夺得第一块奥运金牌开始,就进入了"王者频出"的时代。在星光璀璨的中国女子跳水队里,有大家比较熟悉的郭晶晶、吴敏霞、陈若琳、全红婵……而在这些"跳水皇后"当中,影响力最大的,莫过于伏明霞了。

一、跳水冠军原怕水

1977年8月16日，伏明霞出生在武汉市硚口区的一个普通的职工家庭。父亲伏宜君、母亲林杏娥都是工人。因为父母工作都很忙，白天几乎没有时间陪伴两个孩子；爷爷奶奶也已年迈，无法照顾两个调皮的"小神兽"。于是父亲就把伏明霞和她姐姐送到了业余体校。

刚开始，父亲觉得让两个女儿进入体校，不仅可以强健体魄，还省去了一整天要照顾孩子的时间和精力，而并未想到有一天她们会出人头地。意想不到的是，姐姐明艳因为出色的柔韧性，被体校的体操教练相中了；妹妹明霞那年4岁，看着姐姐练体操竟一下子着了迷，先是在场外看，接着就在一边模仿着比画，不一会儿工夫就光着脚丫进了训练场。她又是踢腿，又是下腰，逗得大家哄堂大笑，气得姐姐直哭鼻子，发誓再也不带她去体操训练房了。那年暑假，武汉体育馆举办体操夏令营，父母看着小女儿痴迷的样子，便带着小明霞去报了名。伏明霞高兴极了，每天提前到训练场地，练得有板有眼。她能吃苦，一心一意想成为一名"运动健将"。伏明霞的专注深深打动了业余体校的教练员，让她成了业余体校体操训练班的正式学员。

伏明霞打小就好动，一身"野气"，跑起来连同龄的男孩子都追不上。更淘气的是，她和小伙伴玩的大多是男孩子的"专利"。比如上树爬墙什么的，专拣别的小女孩不敢玩的"项目"，简直嗨翻了天！因此，常常身上碰得青一块，紫一块，衣服也经常被划破。为这，没少挨母亲的责骂和父亲的"家法"。

后来，姐姐进了湖北体操队，小明霞眼红极了，吵着闹着要跟着去练。她盼望自己快快长大，像姐姐一样能当一名体操运动员。但是，伏明霞有点小调皮捣蛋，不如姐姐安分，而且身子骨硬得像石头一样，需要超高柔韧性的体操又怎么可能适合伏明霞呢？体操教练反正是看不出伏明霞有哪些优点。好在金精教练看出了这个小女孩的闪光点，便向她父亲伏宜君建议，让明霞从此改学跳水，别把心思放在体操上了。可是，无论怎么劝，小明霞就是不改初衷，一声不吭地准时到达体操训练场训练，全然不管教练、学员们怎么看。原来，"旱鸭子"伏明霞从小就怕水，似乎对水有一种天生的恐惧感！

父亲伏宜君曾是横渡长江的游泳好手，为了教会女儿游泳，常常抽空亲自训练女儿。严厉的父亲有时候直接把伏明霞扔进泳池里，只在她腰上拴了一根绳子。他说："池子里的水喝得多了，'旱鸭子'也会变成'潜水鸭'。"后来，他又慢慢开导女儿："我们生活在拥有长江汉水的'江城'，这里又是'百湖之市'，武汉人如果不会游泳别人会笑话的。再说，学会了游泳，武汉再发大水，你就淹不死了！"

也许就是听进了父亲的这句话，她下了水，边划水边跟爸爸打商量："那要是真发了大水，你救妈妈，我救姐姐，好不好？"父亲知道女儿对游泳产生了兴趣，便顺势诱导，天天带她去游泳，教她掌握游泳的技巧和方法。短短一个星期下来，在父亲严格的训练下，伏明霞终于学会了游泳，"旱鸭子"真的成了泳池里的"小天鹅"。

不久，伏明霞顺利进入了湖北省跳水队。而省队竟然就是她的起点。要知道，只有训练表现十分优秀的才能进省队，所以伏明霞是幸运的！这一切的一切，都是因为金精教练的大力举荐。伏明霞就像是一匹千里马驹，在运动员漫长的职业生涯里遇到了好几位"伯乐"。

伏明霞转学到了离体校较近的硚口区体育馆小学就读，女儿读书、训练是方便了，却苦了父亲。伏宜君每天下班要骑车接女儿回家，清晨六时，还得陪女儿练长跑，这一跑就是两年。有一天，父女俩从家里出来向体育馆方向跑去。途中，伏明霞一扭头，发现父亲骑在自行车上尾随着，便赌气停了下来说："你骑车子我跑步，没有那好的事，要跑我们一起跑。"真是年少不知父辈累啊！打那以后，伏宜君总是推着自行车跟在女儿后面陪同跑到体育馆。然后再骑车赶往单位上班，直到1987年女儿被选入专业队。

而母亲林杏娥更多的是担心女儿受苦受罪。有一回，她下班后赶到体育馆偷偷看女儿，刚走进训练房，便见教练正在督促几个孩子练习压腿，年龄最小的伏明霞疼得泪水和汗水一起往下掉。林杏娥见状，心里难受极了，不禁两眼泪汪汪。此刻，她真想冲过去拉起女儿的手说："霞霞，跟妈妈回家，我们不练了！"可一想到女儿的前途，还是扭过头去忍住了。直到后来，为了跳水动作更加完美，每晚伏明霞都得坐在小板凳上，再把双脚平放在另一个小板凳上，父母轮流坐在她的双膝上压着，来帮她练习基本功。

进入省队后，伏明霞不仅要学会游泳的更多技巧，而且还要克服高空跳入水池产生的巨大恐惧感。想要成功，想要在无数优秀竞争者当中脱颖而出，必须付出巨大的努力。好在教练胡德美的训练方法与伏明霞真的非常契合，终于使她受到了比较系统的专业跳水训练。当初，胡德美教练设置了一套强化训练日程，使所有队员都叫苦连天的。唯独年纪最小的伏明霞从来没有怨言，总是默默服从教练安排，以百分之百的专注完成每一次跳水动作。

"宝剑锋从磨砺出，梅花香自苦寒来。"在胡教练的培养下，小明霞刻苦地学，玩命地练，很快就成了队里的"小明星"。

二、无心插柳柳成荫

伏明霞在训练中一次次的完美表现，让时任国家队教练的于芬看见了。于教练发现她年龄虽小，但身子骨里却有一股不服输的劲。这位曾经的中国跳水领军人物一眼就相中了伏明霞，她全程专注的跳水动作让于芬不自觉想到了过去的自己。

就这样，1988年伏明霞很快就被武汉跳水训练基地收编，成了于芬教练的爱徒。只经过一年的正规训练，伏明霞在于芬力保之下进入了国家跳水队，在济南少年集训班集训，从此踏上了专业跳水的人生旅程。那一年，伏明霞仅有11岁，是国家队里年纪最小的一个。

在国家队少年跳水集训班里，于芬教练对伏明霞的饮食、睡眠、训练等一系列生活与训练中的细节都进行了调整。为此，伏明霞花了好长一段时间才适应过来。于教练对伏明霞既严格，又慈爱。她指着场馆内悬挂的横幅标语"超人的代价换来超人的成绩"嘱咐爱徒，要细细品味这句话的含义。伏明霞也很喜欢自己的教练，她眼里的于芬既年轻又漂亮，不训练时，就像自己的妈妈，常常陪她逛街，帮她缝缝补补，像亲人一样关爱她。有一次在商店买

伏明霞跳水瞬间

衣服，售货员错把于教练当成了伏明霞的母亲。伏明霞心里却乐开了花，一回到队里就不停地跟小伙伴们讲："售货员说教练是我妈妈。"

不知不觉中伏明霞已经在国家队里待了两年，她迎来了个人职业生涯的第一次国际赛事。1990年5月，伏明霞随队参加了加拿大和美国的跳水公开赛。在强手云集的赛场，初出茅庐的伏明霞在10米台的争夺中，取得了加拿大赛场上的第二名和美国赛场上的第一名。小试锋芒便取得了骄人成绩，连总教练徐益明也未料到。原以为伏明霞的这次出访只作为练兵，没想到她会有如此突出的表现而崭露头角。这正是：无心插柳柳成荫啊！

教练于芬经常这样评价伏明霞说："我觉得她有一股非常强烈的荣誉感和拼搏精神。"1990年8月，13岁的伏明霞挂帅出征，参加了在美国西雅图举行的跳水运动会。同台竞技的有世界各国的跳水名将，但是，这些成名已久的大姐姐们显然没有对伏明霞产生威胁。大赛中，伏明霞表现出特有的沉着和自信。她以咄咄逼人的气势跳出了一个个令人眼花缭乱的漂亮动作，一举夺得冠军。伏明霞显示出的雄厚实力，令国际舆论惊呼：中国又诞生了一颗新星！

1991年，在世界跳水锦标赛跳台比赛中，伏明霞再获冠军，成了年龄最小的世界跳水冠军。当时，跳水馆里掌声阵阵，喝彩声经久不息！哇塞，这也太厉害了吧！

一时间，伏明霞成了社会各界关注的焦点，采访纷至沓来，签名络绎不绝。各种活动、集会邀请，加上不绝于耳的溢美之词，简直快要"爆表"了！1990年、1991年连续两年，她被美国《游泳世界》杂志评选为跳台跳水世界优秀运动员，小明霞俨然成为一个跳水天才。

父母伏宜君和林杏娥从新闻联播节目里听到女儿获得跳水冠军的消息后，兴奋之余连夜给伏明霞写了一封信，勉励她不要骄傲，再接再厉，在亚运会上再创佳绩。

说来也怪，纵观伏明霞辉煌的职业生涯，除了4个奥运冠军、2个世锦赛冠军、1个世界杯冠军外，竟然从未在亚运会和全运会获得金牌。1994年广岛亚运会3米板她不敌谈舒萍屈居亚军；1990年北京亚运会10米台伏明霞只拿到了铜牌。怎么会这样？这也太魔幻了吧！

究其原因，有人这样分析：伏明霞一下子成了时代的宠儿，开始有点儿小嘚瑟，有点儿飘飘然了；社会给"小明星"的礼遇，超出了一个13岁小姑娘正常的承受能力。这应该是一种危险信号：捧杀和扼杀一样厉害呀！两个月后的亚运会，着实让她重重地摔了一跤，伏明霞从中也吸取了教训，落了个明白。

跳水失利的当天，伏宜君夫妇给小明霞写了一封浸润着父母深情的信："霞霞，哭鼻子不是你的性格啊！要懂得，世界上没有常胜将军！你要克服骄气，吸取教训。不过铜牌也不错，你才13岁呀，只要努力，得金牌的机会还是很多的！"初受挫折的伏明霞从这封家书中感受到了父母的良苦用心。她清醒了，谨慎了，开始懂得时时刻刻对自己要严格要求，也终于理解了于教练的嘱咐，以及明白了挂在训练场馆里"超人的代价换来超人的成绩"那条横幅的真正内涵。

三、奥运生涯"大满贯"

亚运会一结束，许多队友相继离队。有的回家探亲，有的则参加庆功会、报告会去了。伏明霞哪儿也没去，准备迎接新的挑战，一头扎入了大赛前的训练中。

训练局的跳水训练馆里空空荡荡，只有伏明霞和于芬教练两个人的身影和不断踏跳及池水溅起的声音。训练馆外，正是北京的金秋，香山红叶，层林尽染。伏明霞还一次都没上过香山呢。香山红叶年年有，而夺取金牌的机会，可不是年年都有的哦，这叫"机不可失，失不再来"呀！

离世界锦标赛只剩下一个多月的时间，跳水队又来到了济南进行封闭式训练。没有了外界干扰，伏明霞练得更加认真，她和教练在训练中又进行了一次技术革新。把自选的第一个动作反身翻腾两周半改为向后翻腾一周半转体两周半，加大了伏明霞整套自选动作的难度，提高了完成动作的精度，成为世锦赛克敌制胜的"法宝"。终于，在第6届世界跳水锦标赛上胜券在握，再次获得世界冠军。最牛的是，伏明霞作为最年轻的世界冠军被载入《吉尼斯世界纪录大全》。

1992年，第25届奥运会在西班牙举行。于芬率领伏明霞、朱金红等一批队员抵达巴塞罗那奥运村，在这里要做的第一件事就是控制饮食。伏明霞最爱吃冰淇淋了，但于芬却绝对不许她沾边，"你是冲击金牌的头号选手，你的头炮对中国代表团的士气影响至关重要，如果让你放开吃，身体长胖了，那不就负重跳水了吗？"伏明霞挺乖，成天跟着教练形影不离。奥运村娱乐室游戏机里的节目花样翻新神奇无比，她也不敢光顾。决赛前，她除了宿舍、餐厅和跳水池外，哪里都不去，一心想扬威巴城。

7月27日，奥运会女子10米跳台决赛在蒙特惠克露天游泳池进行。文静、可爱的伏明霞，剪着小男孩似的短发，柔润、黧黑的娃娃脸上挂着甜美的微笑，一出场就赢得了观众的喜爱。前三个动作跳完后，伏明霞仍排在第二，但她并不气馁，在教练的及时指导下，后边几个动作完成得相当出色。她把当时世界上女子最难的向后翻腾三周半的动作发挥得无可挑剔，获得了全场最高分。

伏明霞在奥运会获得金牌

她最后一个动作就是那件克敌制胜的"法宝"——向后翻腾一周半转体两周半。只见伏明霞"笑傲"10米跳台，镇定自若地背向台沿，从容地举起双臂，脚尖有力地一弹，身体"嗖"地飞离跳台，在自由落体中尽情展现她优美的身姿。这扣人心弦的一跳，犹如一只美丽的小天鹅，翻腾、连接、转体、入水，疾如流星，优美自如，四周的水花波澜不惊，温柔地拥抱这位美的化身！顿时，全场雷鸣般的掌声和记分牌上醒目的分数宣布，伏明霞已荣获本届奥运会女子10米跳台跳水冠军！哈哈，奥运史上最年轻的跳水冠军从此诞生了！

伏明霞的表现让美国人折服，也让世界信服。世界三大新闻周刊之一的《时代周刊》杂志，封面上赫然印着她的肖像，上面写着"奥林匹克高度——中国金牌获得者伏明霞"。真不简单啊！她创下了中国运动员之先河。

成名后，13岁的伏明霞开启了她的"金牌之路"。1996年7月27日，第26届亚特兰大奥运会对伏明霞来说，又是一个奇迹。她不仅战胜了对手，而且超越了自我，达到一种新的更高的境界。她在女子跳台跳水比赛中再次获得冠军，成为历史上最年轻的两届奥运会跳水金牌获得者，同时成为中国第一位蝉联奥运会冠军的运动员。

7月31日，她在女子3米跳板比赛中又获冠军，从而成为中国跳水运动史上，第一位包揽一届奥运会跳台和跳板两项冠军的选手。这次她夺得台板双料冠军，成为继高敏夺得汉城和巴塞罗那奥运会3米板冠军之后，蝉联跳水冠军的第二人，从而达到自己的巅峰。这又是一个世界纪录，简直是太神奇、太牛了！

伏明霞不无感慨地说："想拿两项冠军，当然要付出双倍努力！"所以再苦再累，她都心甘情愿。为了适应亚特兰大的比赛时间，赛前她每晚都要练到深夜12点才能把既定的动作跳完，目的就是要调整自己竞技时的时差,而其他选手早已进入了梦乡。

记得赛前,伏明霞突然感冒发烧,头晕目眩,眼睛也开始发炎,这已是她的老毛病了。她害怕药物中含有违禁成分,根本不敢服用任何药物,只有单凭自身的体质和毅力去抵抗。伏明霞说:"我是靠精神支撑着的。在奥运会赛场,作为一名中国运动员,我不再仅仅是我自己,当我站在跳台上,我就是中华民族,我代表的就是中国。"在短短的几年时间内,伏明霞迅速成为中国跳水队的主心骨,自然有一种志气、霸气和豪气。

教练于芬这样评价:"伏明霞在1992年巴塞罗那拿到冠军的时候,领先了对手50多分夺冠;1996年亚特兰大奥运会夺冠的时候也是领先了对手30多分夺冠。这都说明了伏明霞在夺冠的时候无论是在动作难度、动作完成质量以及分数方面,都要遥遥领先其他对手。"

经过历次大赛洗礼的伏明霞,在1997年全运会后退役,进入清华大学求学。她的急流勇退,让国家队的领导和教练们始料不及,也令许多队友大惑不解,为之惋惜!伏明霞谈到退役的理由时说:"我要读书!不愿意只当一个'头脑简单、四肢发达'的运动员。"

伏明霞被特招进清华大学学习经济管理。事也凑巧,她的教练于芬随后也调入清华大学任副教授,并组建了该校的跳水队。伏明霞在忙于学业的同时,也兼任大学跳水队的教练,带一群从业余体校选来的孩子。2000年,伏明霞在第27届悉尼奥运会上,又获得3米跳板冠军,从而赢得了她的第四枚奥运金牌,实现了奥运三连冠,获得了大满贯,成为当之无愧的"跳水皇后"!

伏明霞是中国跳水队中拥有最多奥运奖牌的选手(四金一银),后来,郭晶晶在北京奥运会中夺得两金,共有四金两银,打破了伏明霞的纪录。但伏明霞是参加三次奥运而得此成绩,相比郭晶晶共参加了四次，所以伏明霞仍胜一筹。同时，从伏明霞和郭晶晶的身上，我们看到了伟大的奥运精神的传承。

2001年，在香港"杰出领袖"颁奖礼上，伏明霞受酒店高层邀请，出任颁奖嘉宾。时任香港财政司司长的香港金融大佬梁锦松正好坐在她旁边。两人在交谈中十分投缘，伏明霞对这个陌生男子留下了不错的印象，而梁锦松也对她产生了好感。一个是香港金融圈中当之无愧的富豪，一个是在体育事业当中取得辉煌成绩的王者。

伏明霞与梁锦松

2002年7月，伏明霞与梁锦松在美国夏威夷举行了婚礼。2019年，已经41岁的伏明霞看起来很年轻，气质出众，却已是三个孩子的母亲。她从奥运冠军转变成为一名合格的家庭主妇。伏明霞是运气、贵气、人气和霸气的化身。虽然嫁到了豪门，也没有丝毫大明星、大富豪的派头，极为健谈的她眉宇舒展，脸色红润，语气中洋溢着自信。

这就是后来的伏明霞，一个回到生活起点的奥运冠军。

"双料冠军" 杨维

只有拼出来的努力，没有等出来的辉煌

　　有人会问，何为"双料冠军"？就是一个运动员同时获得奥运会和世锦赛冠军。比方说，2004年雅典奥运会上，杨维和张洁雯在决赛中战胜高崚和黄穗，夺得冠军；2005年，世锦赛被列为"头号种子"选手的杨维和张洁雯在决赛中再战高崚、黄穗，以2：0又胜队友。就这样，杨维和张洁雯终于成为奥运会和世锦赛的"双料冠军"。

一、挂"眼科"被教练看中

1979年1月13日,杨维出生在武汉市硚口区一个普通工人家庭,就读于硚口区太平洋小学。爸妈都是武汉国棉三厂的工人,生有两个女儿,大的叫杨妮,小的叫杨维。尽管他们家经济条件不算好,但为了女儿们的学习和身体,父母舍得投资,对她们倾注了所有的爱。按照父亲杨汉生常说的一句话就是:"再苦也不能苦孩子啊!"

杨维的姐姐因先天不足,从小体弱多病。爸妈除了给她补充营养外,还决定送她去搞点体育运动,希望她能把身体练得强健一些。妈妈说,不管以后长大了干什么,都应该有个好身体,身体是革命的本钱嘛!

谁知"有心栽花花不发,无心插柳柳成荫"。姐姐杨妮被送到体育馆业余体校练排球,打了几年也不见出成绩。教练并不看好她,说她不是搞体育的料。不过,父母对此并不在意,感兴趣的只是杨妮的身体确实比过去强多了。

而歪打正着的倒是小女儿杨维。原来,那段时间杨妮经常到业余体校练排球,6岁的小杨维没事总爱跟姐姐一起去训练场玩。她一边观看姐姐训练，一边也像模像样地跟着姐姐她们比画。由于经常去挂"眼科"，时间长了，排球教练看出了杨维的体育兴趣，也动员杨维参加训练。

虽然小女儿意外地被教练相中，但母亲对这件事有点儿担心，认为杨维太小了，又马上要上学读书。孩子只有书读好了，长大了才有出息，搞体育会耽误学习的。可作为一名业余篮球运动员的父亲杨汉生却不这么想，他知道杨维的身体底子不错，不像她姐姐打小体弱多病，倒是个搞运动的好材料，只要处理好学习和训练的关系就行了。但杨汉生又觉得，大女儿已经参加了排球项目，再让小女儿也搞同一个项目没多大意思，还不如让杨维参加另一个体育项目更合适一些。

说来也是机缘巧合，正好遇上体育馆业余体校招收羽毛球学员。教练王伟一下子便看中了身材修长、气质不错的小杨维，立刻同意收下她。打那以后，只有6岁半的杨维，便开始了辛苦、劳累的羽毛球训练生活。

杨维10岁之前，和其他小女孩一样，快乐地生长在父母身旁。虽学

少年杨维

杨维在训练场上

习、训练很紧张，很辛苦，但每天能回到温暖的家。有人问候，有人关心。起初，姐妹俩同在体校训练，相互有个照应，大人比较放心。可她毕竟还是个小孩子，失去了玩耍的时间，每天要面对严厉的老师和严格的训练，就等于失去了儿童的天性。

父亲看在眼里，难过在心里，每天下午坚持用自行车送杨维去训练，接回家时已经是晚上7点多钟了。饭后，杨维有时候边做作业边打瞌睡，已是疲惫之至。见此情景，母亲的思想开始动摇了，小杨维也萌生了打退堂鼓的念头，一连好多天不去业余体校练球了。但教练王伟却舍不得放弃这棵好苗子，天天追问杨妮，问她妹妹杨维为啥不来练球。

几天后，王伟找到杨妮："回家告诉你的爸爸、妈妈，要是你妹妹杨维还不来练球，以后，你也别来业余体校打排球了。"没想到这一招还真管用哩！

那天晚上，杨妮找到杨维央求地说："我的好妹妹，你还是去练球吧，教练说你是个打球的好苗子，不像我，只能把身体练棒。你如果坚持练下去，肯定会有出息的！王教练还说，要是你不去练球，我也练不成了……"

面对姐姐的恳求，杨维沉默了。在姐姐看来，妹妹的沉默，就是一种默认。这一点当姐姐的最清楚，杨维从小到大，都是一个肯替别人着想的人。果然，杨维事后对妈妈说："为了姐姐，从今往后，无论怎么累，怎么苦，我也要坚持把球练下去。"

女儿的决心，也极大地鼓舞了父母。杨汉生硬是花了两个月的工资，为小杨维买了一对羽毛球拍，一双球鞋，又开始每天送她去训练。父亲考虑到从太平洋小学到体育馆业余体校有好几站路远哩，于是就将杨维转到了体育馆小学。这样学习、训练就方便多了。真是父爱如山呀！打这以后，小杨维不仅羽毛球越打越好，学习成绩也节节上升，真正做到了学习、训练两不误。后来，杨维还当上了班上少先队的中队长哦！读小学二年级时，她第一次参加羽毛球赛便获得湖北省奥赛组第二名。

二、我是地道的"武汉伢"

小杨维不仅脑子活，悟性好，而且能吃苦耐劳，表现出非凡的运动天赋。教练认为这个孩子将来肯定会有出息。在业余体校的几年，小杨维便脱颖而出，在同龄人的比赛中每每夺得冠军。10岁时，就进入了湖北省体校，说不定还能升入省运动队哩，前途可谓一片光明啊！

比赛场上的杨维

可天有不测风云！当杨维满怀希望地来到省体校，恰逢专业队的教练来挑选人才。那位教练觉得她身材不错是个好苗子，决定破格直接把她调到省专业队。可正当杨维一家沉浸在对未来美好的憧憬中时，希望却突然破灭了：一个月后，省专业队通知杨维家长，以杨维"没有发展潜力"为由将她拒之门外。其实，说白了，也就是圈内一些纠缠不清的个人恩怨，使小杨维成了无辜的牺牲品。一时间，她不仅进不了省专业队，就连进省体校都成了奢望。后来杨维真的被省体校退了回来，个中原委谁也说不清。

真是命运捉弄人啊！练了几年羽毛球的杨维，却因为种种原因无法跨进专业队的大门。当听到这个消息时，杨汉生不禁惊呆了，他不明白为什么是自己的女儿掉进了这样的漩涡。1989年的冬天，对杨维及家人来说，显得特别寒冷。

这让自尊心极强的杨维大受打击。失望至极的她在痛哭一场后，曾经一度害怕提及羽毛球，发誓再也不碰这玩意了，并开始找各种借口逃避训练。不难想象，孩子幼小的心灵受到了多么大的伤害！

爱才的教练不忍心浪费这样的好苗子。正当一家人心情郁闷之时，杨维的启蒙教练王伟找上门来，对杨汉生说："你姑娘是块好材料，不练太可惜了，条条大道通罗马！这样吧，我帮你联系联系，让她到外地打球去吧。"

不久，王教练热心帮她联系了两个可去的城市——南昌和广州。尽管杨维的父亲想把女儿送到离武汉较近的南昌，以便就近好照顾。但教练王伟说出了自己的看法，建议她去广州，因为广州的训练水平较高，不如干脆狠狠心，把女儿送到那儿去。最后权衡的结果，是杨维打起简单的行李去了广州。临走之前，妈妈拉着小杨维的手说："女儿啊，'佛争一炷香，人争一口气'，选准了目标就坚持走下去，你可千万不要灰心啊！"

11岁的杨维只身南下广州，开始了她闯荡江湖的羽毛球生涯。1990年她进入广州市体校，同年10月进入广州体工队，师从同为武汉人的涂指导。这位武汉姑娘远走南方，效力广东队，自此就成为一个"外乡人"。

在广州瘦狗岭体育学校训练的日子里，杨维非常珍惜这来之不易的训练机会，充分展示了自己不怕苦、不怕累，敢于拼搏、积极向上的一面。很快，广州市体委作出招收她的决定，派人来武汉，转走了杨维的户口。又因为她具有极高的羽毛球运动潜质，一下被选中成为广东队的运动员。在后期的职业生涯中，无论是全运会、亚运会还是奥运会，杨维也一直代表广东队参赛。她的每一次成就，都记在了广东队的账上，成了不折不扣的广州人。

每到皓月当空的夜晚，一个十来岁的小女孩，不免会"低头思故乡"。独自在一个陌生环境里，身边没有一个亲人，每天面对的除了紧张的学习、严酷的训练，就是吃不惯的饮食，还有听不懂的粤语，其孤独感可想而知。是啊，现在好多十来岁的孩子，还躺在妈妈怀里撒娇呢！而小杨维却远走他乡，拼搏奋斗，真是谈何容易呀！所以，加盟广东队的小杨维十分想家，想念爸爸、妈妈和姐姐，一个月中总要写几封信回家，在信的末尾总会添上一句："妈妈，你快过来吧，我想你……"

即便如此，坚强的杨维还是咬紧牙关，暗自努力，不管多苦多累，决不后退。她时刻牢记母亲的嘱托：佛争一炷香，人争一口气！1996年，杨维在离开家乡6年后，首度与师出同门的湖北老乡高崚搭档，获得世界青年锦标赛的女双冠军，拿到了入选国家队的门票。1997年2月，杨维进入国家羽毛球二队；1998年8月又进入国家羽毛球一队。

真是苍天不负有心人啊，付出终将有回报！2004年8月21日，希腊雅典奥运会羽毛球赛事结束，广州队的杨维与张洁雯夺得羽毛球女双冠军。杨维微笑着从颁奖台下来，遇到一位湖北来的记者挤上前来采访，问她夺冠后的心得。

杨维给人一种淡泊名利的感觉，没有夺冠后的傲慢和骄横，开口就说："我也是湖北人！""是吗？"湖北记者半天没回过神来，因为，她代表的一直是广州队。见记者不信，杨维笑着解释："不相信？我说的是真的，我是地道的'武汉伢'咧！"看那记者还是一脸疑惑，杨维还说了几句正宗的武汉话来印证，然后双手一摊，做了个鬼脸。于是，这事很快传开了，嘿！想不到，杨维也是个"湖北佬"啊！其实，她时刻没有忘记自己是个"武汉伢""硚口伢"，这就是杨维的故乡情怀！

当天，捷报传到武汉，不仅令杨维的父母亲友喜出望外，连整个小区也都沸腾起来了。兴奋的街坊们燃起了烟花爆竹，拉起横幅庆祝胜利。随后，杨汉生的手机响了起来，这是女儿在赛后第一时间向父母汇报战况："爸爸，我谢谢您！"杨汉生心里最清楚，杨维虽然从小就颇有体育天赋，但女儿的路是那么的苦涩和艰辛。经历坎坷，才取得今天的成就，不禁潸然泪下……

三、分分合合的"恋爱"

杨维10年的运动员生涯换了4个搭档组合：从杨维/黄楠雁，到杨维/张洁雯，到杨维/赵婷婷，再到杨维/张洁雯，她始终坚守在女双这方阵地上。就这样，她在分分合合的"恋爱"中一共获得世界大赛冠军24次！全面迎来自己运动生涯的高光时刻。

1998年6月，杨维开始和黄楠雁合作双打，仅仅10个月的打造，两人的世界排名便急窜至首位。在长达3年多的最佳组合中，这对新人在国际赛场上屡屡摘金夺银，先后获得1998年文莱羽毛球公开赛冠军，1999年新加坡羽毛球公开赛和"苏迪曼杯"冠军。就在这一年，两人打破了一代双打女皇葛菲/顾俊垄断的局面，世界排名上升至第一位。

2002年亚运会后，黄楠雁退役。下半年，25岁的杨维与23岁的张洁雯开始合作，两人搭档时间最长，成绩也最好，共同获得奥运会、世锦赛和世界杯女双冠军，在女双历史上写下了浓墨重彩的一笔。杨维是中国羽毛球队在奥运历史上的三朝元老。多年以来，羽毛球女子双打是中国的传统强项，高崚、黄穗；杨维、张洁雯；魏轶力、赵婷婷，长期高居世界排名榜前三位。只是到了2007年，突如其来的变故给了这对组合意想不到的冲击——杨维和张洁雯拆对了。

那是春寒料峭的三月英国，这对黄金组合在全英公开赛决赛中输给了队友张亚雯/魏轶力后，杨维一声不吭地回到酒店，开始打包收拾行李。她转头对张洁雯说："你帮我把这些带回北京吧。"张洁雯"哦"了一声，没有说什么。第二天，她们同时乘飞机离开英国。只是，杨维飞往瑞士，张洁雯的目的地是北京。

在瑞士，杨维身边的搭档突然换成了赵婷婷，这让她有些许的不适，毕竟和张洁雯已经配合了这么多年，突然换了一个搭档，不论是在球场还是在生活中，实在需要时间来磨合。不过具有男孩子气的杨维并没有多想："教练应该是想让张洁雯自己调整一段时间，而让我顺便和赵婷婷配着试试看吧。"而就是这次"顺便"，竟然使得初次配对的两个人连赢数对强劲组合，最终拿下了瑞士公开赛的女双冠军。

2004年杨维（右）和张洁雯（左）
获雅典奥运会女双冠军

回到北京后，教练又告诉她要和赵婷婷一起参加新加坡和印尼的奥运积分赛，这是杨维没有想到的。她想来想去，最后索性什么也不想了，"打吧，打吧，和谁配都行，我自己尽力就好了"。

在打完新加坡、印尼两站比赛后，杨维又被告知与赵婷婷携手参加"苏迪曼杯"赛。当时，杨维心里有些别扭，她不知道该和张洁雯说些什么，况且她们俩都住在一个大套间里，平日里低头不见抬头见，以前没事总说说笑笑的两个人，一时间变得十分尴尬。

然而，具有戏剧性的故事发生了：2007年8月3日，在世界羽联宣布的世锦赛抽签对阵表上，杨维/张洁雯的名字赫然在列。中国羽毛球队副总教练李永波解释道："这是世界羽联闹的一个笑话。我们原来给世界羽联提交的书面名单是杨维/赵婷婷，而世界羽联的答复也是同意的。可是在后来通知我们的时候，赵婷婷变成了张洁雯，于是就成了杨维/张洁雯来搭档。"因为世界羽联的失误，杨维和张洁雯又阴差阳错地携手站在了世锦赛的舞台上。

在这次比赛中，杨维/张洁雯一路过关斩将，用全面的技术和老到的经验战胜中外强手，第二次摘得世锦赛的女双桂冠。就这样，阴错阳差的"冠军搭档"失而复得。杨维赛后说，她们的重组意义深刻，因为在分分合合之后，经历了风雨，她们比之前更加珍惜彼此了。

喜欢思考的杨维愿意把她和张洁雯的关系比喻为谈恋爱："我们配合的过程就好比情侣恋爱结婚的过程，第一次和她配的时候，我们都还小，觉得很新奇、很开心，这应该就是热恋阶段吧。然后慢慢熟悉、融洽，走进婚姻的殿堂，当然，我们的殿堂就是雅典奥运会冠军赛场。但时间长了，彼此之间都会出现摩擦和问题，如果解决得好那就继

领奖台上的杨维和张洁雯

续，如果解决得不好那就离婚。对于我们，那也就是拆对。最终，经历了种种风雨之后，彼此才会发现对方是最适合自己的那一个，于是重新站到一起，直到退役。"

2008年5月17日，在印尼雅加达塞纳央羽毛球馆，正在进行"尤伯杯"的决赛。实力超群的中国女队以3∶0击败东道主印尼女队，历史性地实现"尤伯杯"6连冠（1998—2008年）。此前最长的连续夺冠纪录也是由中国女队保持的，她们曾经在1984—1992年夺得5连冠，本次夺冠是中国女队得到的第11个"尤伯杯"冠军。这也是杨维第5次参加"尤伯杯"了，而且5次夺冠，堪称"尤伯杯""五朝元老"，她为中国女队捧得尤伯杯立下赫赫战功。你们说厉不厉害？当然这也是老将杨维的最后一届"尤伯杯"之旅，她用胜利完美谢幕！

在杨维的职业生涯中，多次获得羽毛球奥运会、世锦赛、"苏迪曼杯"、"尤伯杯"和公开赛的女双冠军，一共获得世界大赛冠军24次。真是了不得哦！还分别获得体育运动一级奖章、广东省"五四青年奖章"、广东省"三八红旗手"、全国"五一劳动奖章"等荣誉称号。

即便如此，但杨维从来不喜欢显摆。有人说，杨维是最不像奥运冠军的奥运冠军了。她大大咧咧，从不摆谱儿，没事就扮个鬼脸或说个冷笑话，在媒体面前一直都是真性情流露。出国比赛，她也很少像其他人一样买各种名牌包和名牌服饰，最多把钱花在吃上面，剩下的一律攒着，显得有些"抠门"。对于比赛，她淡然自若，常说"是你的就是你的，不是你的怎么着都没用"，是相当佛系的冠军选手了。

2009年全运会后，杨维宣布退役，到广东省羽毛球运动管理中心任职。后来，在很多次羽毛球活动赛事中，都还能看到杨维的身影。她在经营事业之余，也将更多的精力投入到了家庭生活之中。她的丈夫程瑞曾经是国家队男双运动员，也和杨维一样来自湖北，两人还曾合作过混双。他们既是老乡，又是队友，还是搭档，被业内称为"神仙眷侣"。

"中国网球的先驱" 李婷

每一次发奋努力的背后，必有加倍的赏赐

  李婷，再普通不过的名字。也许，在你的亲朋好友、同事同学中就能遇到与之同名的人。这个名字虽说很大众，但这个人却并不一般。你知道吗？光在中国体育界，就有两个叫李婷的，而且两人都是奥运冠军！不简单吧？一个是广西的伦敦奥运跳水冠军，一个是湖北的雅典奥运网球冠军。在这里，我要讲的是哪一位李婷的传奇故事呢？小朋友，你们猜一猜。

  对头！我这里说的就是湖北武汉的、武汉硚口的雅典奥运网球冠军李婷。李婷的运动员生涯，就是从我们硚口开始的……

  在当时那个年代呀，中国体育职业化才刚刚起步哩！在网球运动方面几乎还是一张白纸，李婷却毫不犹豫地选择了这条道路。了不起吧！最终，是她帮助中国实现了奥运会网球冠军梦想，取得了中国奥运网球零的突破，从而改变了中国网球的命运。哇塞，真是牛呀！李婷开启了中国网球的新篇章，被誉为中国网球的先驱者、里程碑。

一、童年的选择

说来有趣,李婷从小对网球所产生出的浓厚兴趣,好像是来源于对网球有着不一样的感情,而这份感情大部分来源于美味的巧克力和蛋糕。这又是怎么回事呢?且听我慢慢道来……

1980年1月5日,李婷出生在硚口区一个普通工人家庭。父母都在3506军工厂工作,父亲李瑞堂是一名普通电工,母亲张冬玲是被服车间的工人。3506工厂是硚口辖区内的一家国营大厂,在行政管理人员和工人中,有不少是从部队和运动员退役下来的。李瑞堂因喜好运动,又有电工工作相对灵活的活动空间。因此,有机会和许多退役的运动员接触,而且相处得很熟,对运动员训练的艰苦和成长的艰辛,耳闻目睹,深有体会。

李婷是李瑞堂夫妇的独生女,当然会被视为"掌上明珠""心头肉""宝贝疙瘩",唯恐她受到一丁点儿委屈。天下的父母哪个不希望儿女成才?李婷的父母也不例外。李瑞堂自己只读过中学,深知读书少了不行,下决心要把女儿培养成一名大学生。他把自己的希望全部寄托在了女儿身上,为了学习育儿方面的知识,李瑞堂看遍了厂图书室里有关育儿知识的书,得出一个结论:孩子要有出息，必须要有健康的身体、聪明的头脑和竞争的意识。

特别是一个人没有竞争意识，就不可能有出息。从此，李瑞堂决定做个令女儿敬畏的"严父"，接连甩出了"三板斧"。第一斧头竟是妻子刚休完产假，他就毅然把出生只有57天的女儿送进了厂托儿所。第二斧头就是心不能太软。小孩子大都爱哭闹，小李婷也不例外。有一天，李瑞堂看到李婷既没病也没饿却不停地号啕大哭，心里一横，坚决不让妻子去哄。以往只要她一哭，母亲张冬玲就会停下手上的活，不停地去哄她。李瑞堂说："这习惯都是你惯坏的，让她哭，哭累了就没事了。"妻子转身落泪暗骂丈夫太狠心。第三斧头就是激励女儿的竞争意识。李婷刚一岁多，才蹒跚学步、牙牙学语时，李瑞堂就开始鼓励孩子和自己"打架"。那时候，李婷特别喜欢吃巧克力，他就对她说："来啊，来打爸爸，你打爸爸一拳，就可以吃巧克力。"小李婷就摇摇晃晃地跑过来打他，然后一个跑，一个追。这样的游戏，父女俩几乎每天都要玩一玩。

李婷全身心地投入网球比赛

到李婷两岁多时，有一天，李瑞堂抱着她去逛武汉商场，问孩子想要什么。李婷把小手指向一只彩色的小皮球。自从买了这只小皮球后，李婷几乎每天都要在家门口拍上一阵。见孩子喜欢玩球，李瑞堂又先后给她买过篮球、足球、排球、乒乓球和羽毛球。一时间，家里竟成了"球类俱乐部"。为了培养女儿的竞争意识，李瑞堂经常一边拍着篮球一边对李婷说："来啊，来抢爸爸的球啊，抢到了就可以吃蛋糕哩！"在香喷喷蛋糕的诱惑下，两岁多的李婷表现出了超乎同龄孩子的勇敢和机智，她总是能从大个子爸爸手里把篮球抢走。

在那个年代，巧克力和蛋糕的诱惑力对孩子来说实在是太大了！当时，李瑞堂夫妻俩的工资加起来还不到一百元，但在营养方面，他们从来没有亏欠过孩子。很多同事家里省吃俭用买电器，而李瑞堂夫妇却不买。他们把钱都花在买营养品上，鸡蛋、奶粉、水果、巧克力、蛋糕，一点都不吝啬。因为营养好，李婷6岁半时，就长到了1.3米高。但让李瑞堂夫妇做梦也没有想到的是，女儿突出的身高，给了她不同凡响的人生际遇……

当年湖北网球队有一个叫余丽桥的教练，想培养一批女运动员，于是就到处物色好苗子。也真是无巧不成书，余教练的儿子恰好就和李婷在一所学校读书。一天，余教练到学校接儿子，无意中发现了李婷，见她长得又高又结实，是个好苗子，不禁欣喜若狂。这就叫踏破铁鞋无觅处，得来全不费工夫！余教练打听到她的父亲是李瑞堂，便上门动员李瑞堂把女儿送去打网球。余教练少不了要描述一番打网球的美好前景，照说，一向注重培养女儿体格的李瑞堂，应该"一拍即合"吧？可让余教练失望的是，李瑞堂竟当场一口拒绝。他像货郎鼓一样连连摇头："我30出头才得这么个姑娘，搞体育的人我太了解了，太辛苦不说，搞不好再受个伤，成了残废，那如何是好？你走吧，别打我们家孩子的主意！"在李瑞堂心目中，锻炼身体归锻炼身体，吃不吃体育专业这碗饭，又是另一回事了。

余教练虽然碰了壁但还是不死心，又跑厂里去找李婷的妈妈，没想到张冬玲更是一百个不愿意。当余教练第四次来到李家时，李瑞堂有点儿不耐烦了，他毫不客气地说："你这人是怎么回事？为什么非要我女儿去吃这碗辛苦饭呢？"就在余教练感到十分尴尬的时候，坐在一旁的李婷突然大声喊了一句："我要打球！"余教练心头一热，趁机说道："听到没有？你女儿也想去打球，我看你们还是仔细考虑一下吧。"

那一夜，李瑞堂的耳畔一直回响着女儿李婷的声音："我要打球！""我要打球！"张冬玲也无法入睡。她对丈夫说："如果现在让孩子好好读书，将来考个大学，踏入社会后，孩子会生活得很安稳。但如果让孩子去打球，前途未卜，不就等于赌博吗？"

"是呀，我就是担心这点。"李瑞堂答道，"这球要是打好了呀，以后再当个世界冠军什么的，就算是赌赢了；一旦半途而废，或者留下一身伤病，那可就是血本无归哟！"

李瑞堂长叹了一口气说："我们一个普通老百姓家庭，哪经得起这般折腾啊！"

"可不让她去吧，这又是孩子自己的选择！"张冬玲也十分为难，"到底该怎么办才好呢？"

李瑞堂安慰道："也许这孩子只是暂时的好奇，或者打个一年半载就会放弃。如果是这样的话，也还来得及在学习上赶上同龄的孩子。"

那天晚上，夫妻俩真正感受到当一个好家长的难处。他们思忖再三，还是决定送女儿去见见教练，先看一看再说。

第二天，李瑞堂把刚满 7 岁的李婷送到了网球队。余教练微笑着拉了拉李婷的手，顺便递给她一个网球拍。小李婷接过拍子，立马跑进训练场,像模像样地跟小朋友们玩起球来。

爽快的余教练朝训练场那边努了努嘴,用不容置疑的口吻说:"李师傅,看到了吗?你这孩子天生就是打网球的料!你就放心上班去吧,孩子以后就交给我了。"

二、难熬的时刻

从此,李婷就一边上学,一边跟余教练学打网球。或许是命中注定与网球有缘,李婷刚接触网球不久,就迷上了这项运动。为了做到上学训练两不误,父亲就将李婷转到与武汉体育馆相邻的硚口区崇仁路小学。

打这以后,无论是酷暑难当的夏天,还是寒风刺骨的冬季,她都全身心地投入到训练中。小李婷每天坚持清晨五点多起床,训练一个多小时才去上学。中午,她回到父母工厂里吃完午饭,还要在空场地上练上一阵子。下午放学后,她再到体育馆去打球。周而复始,一直持续到她小学毕业。

对于年幼的李婷来说,网球很重,具有很强的弹性,刚接触时很难控制它。即使她有着不错的运动天赋,但是玩起网球来依然很吃力。双脚都磨起了水泡,走起路来一瘸一拐。别看她人小,却十分坚强,说什么也不让父母告诉教练,硬是一堂课不落地完成了所

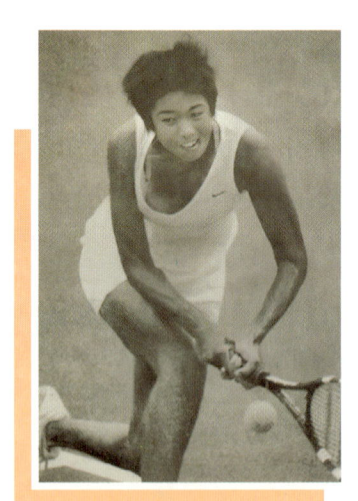

奋力拼搏的李婷

有的训练项目。

武汉有句老话叫"隔代疼"。有一次，李婷的外婆和奶奶相邀去体校看李婷训练。两位老人回来后，泪水涟涟地对李瑞堂说："不要再让孩子练球了，那不是人过的日子！"李瑞堂却安慰两老道："孩子喜欢就让她练，这是她自己选择的。她吃得了苦，就肯定会出成绩！"

余教练的训练方法十分苛刻，超强的运动量使许多家长和孩子普遍感到不适应。那几年，和李婷一起练球的小队员，前前后后一共50多个，最后只有李婷一个人坚持下来了，直至进入省队。

网球运动对身高有一定的要求，余教练根据李瑞堂夫妇的身高，预测李婷的身高能达到1.80米。为了让孩子的身高达标，养得更壮实点，夫妻俩经常在伙食上给孩子开小灶。由于训练消耗体力大，加上李婷从小就能吃，早餐吃5两包子还说没饱，吃水果从来不论个，而是论堆儿……为了确保女儿的营养，李瑞堂夫妇几乎把所有的钱都用在了孩子身上。多年来，他俩没穿过一件像样的衣服，家里也没添置过什么大件。

亲戚朋友都知道他家的困难，常常给他介绍些额外的零活。就这样，星期天、节假日，李瑞堂几乎没在家休息过。每次拿到额外报酬的第一件事就是直奔菜市场，为女儿买回鸡蛋、牛肉之类的食品。

贪玩本是孩子们的天性，毕竟小李婷只有八九岁，也有贪玩的时候，少不了要挨教练的训斥和罚体能训练。对此，一般的家长肯定会心疼，或者干脆把孩子带回家去。可李瑞堂却从不埋怨教练，他知道教练不会无缘无故地批评孩子，他也知道自己的女儿没那么脆弱。但教练处罚多了，也会影响李婷的情绪。有句话说得好："孩子的世界，你永远都不懂。"你们大人哪里知道孩子内心世界的精彩？小李婷有时也会产生逆反心理，对网球提不起劲来，有时甚至不想参加训练。父亲的办法就是不断引导、鼓励她，并许愿每次训练结束后就带她去吃蛋糕。李婷禁不住蛋糕的诱惑，既坚持了网球训练，又收获了甜甜的幸福感，就这样又平平安安过了几年。

但凡事做做容易坚持难。直到李婷13岁那年，令父亲最担心的事情还是发生了。一天，李婷垂头丧气地对李瑞堂说："爸爸，我不想打球了。"听完李婷的话，李瑞堂一下子蒙了，他第一反应就是生气，夫妇俩都下了"血本"在"押宝"，你这样轻飘飘一句不想打球了，多亏呀？李爸这次真的很生气！

是啊，整整6年，他和妻子，还有家人，为了李婷付出了所有。而现在，孩子随便一句话，就把她自己选择的道路和这几年的努力全都否决了，还有家人的辛勤和希望全都付诸东流了，李婷的爸爸真恨不得给她两巴掌！

但李瑞堂没有这么做，他努力克制住自己的情绪，问女儿为什么？李婷支支吾吾地说道："坚持每天高强度的训练实在是太难了，而且看不到任何前途；还有，队友们一个个频繁退出，我感到十分孤独，所以……"母亲张冬玲当然更清楚，刚刚进入青春期的李婷，心理上肯定会躁动不安。

女儿想撤退的理由可以理解，李瑞堂心平气和地帮女儿分析社会现象、体坛前景和自身能力后说："你们有些小队友的家境十分优越，打不好球不要紧，反正家里有钱，以后想做什么就做什么。可你是一般人家的孩子，没有任何背景，看准了就没有退路，只能靠自己背水一战！"

张冬玲对女儿苦口婆心地说："俗话说得好：'状元都是闯元'。一旦选择了，就得对自己的选择负责，一直闯下去，闯到底！"

李瑞堂这次没有勉强李婷，只是鼓励道："你基础好，悟性高，还是有希望成功的。越是最难熬的困难时期，就越是离成功不远了。只要你继续打下去，就一定能进省队，成为专业运动员！"最后他安慰女儿说，"你再好好考虑一下吧。到明天早晨，如果你还是不想打球的话，我们就尊重你的意愿。"

不消说，那又是一个不眠之夜。李瑞堂想起了这6年的艰辛，这6年的努力，这6年的付出，难过得眼泪像断线的珍珠直往下掉。唉！一般人家的孩子搞体育，真的是太难、太冒险了！稍有不慎，就会血本无归，就会前功尽弃。

就在夫妻俩已做好最坏打算的时候，没想到第二天一早，女儿却坚定地说："爸妈，我想好了，还是要打球！"老爸老妈一下把李婷拥抱在一起，三人竟激动得痛哭失声！多亏了李婷的坚持，才有了后来中国网球事业的蓬勃发展。

三、奥运"零的突破"

1993年，经过多年挥洒汗水地训练，13岁的李婷有幸进入了湖北省网球队。在这里，她冬练三九，夏练三伏，充分展现出自己在网球运动方面的超高天赋和独特个性，培养了自己勇于挑战的热情。她决定深耕，甚至想要走向职业化。

可职业化并不是一件容易的事情，设备、教练、场地等客观条件，还有运动员个人主观条件都很重要。

李婷获雅典奥运会金牌

父亲很支持女儿的想法，尽自己最大的努力满足小李婷的需求。李瑞堂还斥巨资买了一架录像机，供女儿观看比赛，学习网球技术。

李婷的独特个性还表现在她的独特爱好上，性格爽朗而又阳光的她，不仅爱好独特，而且是"哈韩"一族。李婷平时喜欢看书，特别是心理推理方面的小说，还喜欢收集运动腕表，在国外比赛的间隙，常常四处搜罗世界名表。一般女孩子嘛爱打扮，李婷除了对化妆品不怎么感兴趣外，其他的，诸如手链、墨镜、指环等她都很在行。

俗话说："儿子亲娘，姑娘亲爹。"在家里如发生小纠纷，爸爸永远都是站在李婷这边的，所以，父女间关系很融洽。说到妈妈，李婷有点不好意思啊，"我和老妈逛街，她看中的我看不中，我看中的她又看不中"。李婷将这句话总结为"母女永不守恒定律"。不过说归说，谈及父母从小对自己的照顾，李婷总是刻骨铭心："我7岁时开始打球，16岁赴美国训练，老爸老妈为了支持

李婷（左）加入国家队后和孙甜甜（右）成为搭档

我打球，没到退休年龄却都提前辞职了。"

都说网球一直是欧美运动员称雄的项目，历来是西方人的强项，但李婷和教练余丽桥却偏不信这个邪，她们都是个性刚强且不服输的人。余丽桥常说："我喜欢打网球的孩子，但这是一件过程艰苦、时间漫长的苦差事，没有吃苦的心理准备，没有非凡的毅力，很难坚持到底。"余丽桥收了李婷，有个性的教练遇上了有个性的弟子，她们经常会碰出"火花"来。

那年，李婷开始和孙甜甜成为搭档。不到一年的时间，两人就取得了优异的成绩。她们一起获得了"三站巡回赛"的女双冠军，实现了巡回赛冠军零的突破，为以后的夺冠之路做了铺垫。1996年，李婷远赴美国尼克网球学校学习，经过半年的深造，她的技术有了很大的提高。1997年，17岁的李婷因为独特的天赋和超高的网球技术被国家队招揽。

李婷加入国家队后，接受了更为严格的训练。经过数年的磨炼，李婷的实力再次得到质的飞跃，开始活跃在各大网球赛事上。2000年，李婷在塔什干公开赛双打赛事中成功夺冠。2001年，李婷获世界大学生运动会网球女双冠军。2003年，她又获得了ITF国际女子网球巡回赛六站双打冠军，以及WTA国际职业巡回赛三站双打冠军。

早在1993年，北京正在申办2000年奥运会。一个当时还在省体校练网球的13岁小丫头说："将来我会拿奥运金牌的。"雅典奥运会前，这位已经长到24岁的女孩李婷又说了："我有信心能成为世界冠军。"在雅典奥运会上，她终于实现了自己的奥运金牌梦，创造了中国体育史上的奇迹！

虽然成功从来都是给有所准备的人，李婷也历来有这个信心和勇气。然而，奇迹的发生有时还需要一点运气和机缘巧合。说起来还真是悬！其中有几次波折，都差点儿毁掉这次中国网球的奇迹。

2004年，就在备战奥运的紧张日子里，一次意外使李婷差点到不了雅典。那年7月底，中国网球队正在青岛训练。李婷不慎在一场比赛中右腿韧带严重拉伤，还处于恢复期的她能否参加奥运会成了疑问。由于训练量太大，她的脚拇趾又磨起了一个大水泡。打了两天点滴后，李婷随队前往北京进行最后的封闭训练，还请来男选手做陪练。李婷接着又打了5天点滴消炎，前后被迫停训10天，与孙甜甜进行技术、战术磨合的时间大打折扣。最后，李婷只来得及赶上两个半天的训练，就随团登上了飞往雅典的班机。李婷说："当时心里半点谱都没有，更别说拿金牌了。"

更不幸的是，到雅典后，分组抽签的结果让余丽桥教练感觉大事不妙："这签抽的，简直就是一个死签！"李婷她们注定要闯"鬼门关"。首轮比赛将遭遇的对手就是以强悍著称的大威廉姆斯和鲁宾。大威作为上届奥运会单、双打双料冠军，名声远扬。余丽桥预测，中美选手之间的胜负概率大约为三七开，甚至更小。此前无论从法网到温网比赛，李婷、孙甜甜都是在比赛的首轮遭到淘汰。想到这些，余丽桥心里不禁有些发凉。

当她们踏进雅典网球比赛场地的那一刻，目睹了美国队的无比傲慢，反倒刺激了李婷和孙甜甜的求胜欲望。她们卸下压力的重担，拼尽全力接受挑战，最终打败了不可一世的美国队。谁也没想到，中国选手第一轮就给了全世界一个爆炸性的大新闻。美国媒体惊叹道："中国人给我们上了一课。"

经过第二轮、第三轮淘汰，中国网球第一次打进奥运会的半决赛。半决赛中，李婷和孙甜甜对战阿根廷组合，艰难地打了67分钟后，终于凭借9：7的比分险胜阿根廷，拿下了夺金路上最艰险的一场比赛。这两位中国姑娘的良好表现，令所有人折服。

在雅典奥运会网球女双的决赛中，李婷和孙甜甜对战劲敌西班牙选手马丁内斯和帕斯奎尔。西班牙媒体甚至在赛前就报道，西班牙两位选手将毫无疑问地获得金牌。但李婷和孙甜甜充分发挥自己的优势和实力，与对手打心理战，顽强拼搏，最终还是中国选手技高一筹，让西班牙选手尝到了败北的滋味。

当中国国歌在雅典响起，她们在雅典创造了"希腊神话"！为中国网坛取得了唯一一次奥运冠军，实现了奥运零的突破。李婷和孙甜甜也因此成为中国网坛的领军人物。夺冠后的李婷没有哭，她认为可能是自己感情不够丰富吧。然而，一向以冷面著称的教练余丽桥，却在更衣间内哽咽了。

2005年，李婷获得"十运会"卫冕女子团体赛与混双赛的两枚金牌，2006年，李婷和孙甜甜这对黄金搭档，一起又获得了三个冠军。就在这一年，李婷还收获了爱情，婚后的生活非常甜蜜。

2007年，她正式退役告别了自己的职业生涯，进入北京体育大学读书，结业以后又留校当老师，还热衷于做各种公益事业。李婷这样说："国家培养了我，我就有这个义务来推广体育精神，也是真心想为公益事业尽一份自己的力量，让冠军精神传承下去。"

"超级大满贯" 高崚

只有战胜自我，才能超越自己

你知道羽毛球运动起源于哪个国家吗？哈，猜对了！就是英国。据说呀，1860年，在英格兰格拉斯哥郡的倍明顿庄园里，正在举行一场宴会。那天，客人们待在室内很无聊，于是，几个从印度回来的退役军官，玩了一种隔网用拍子来回击打毽球的游戏，以此来打发时间，大家对此产生了很大的兴趣。这便是早期的羽毛球运动。1893年，英国成立了羽毛球协会；1899年，举行了第一届全英羽毛球锦标赛。此后，羽毛球运动就传到了世界各地。

现代羽毛球运动大约在1910年才传入我国，最早在上海，随后在广州、天津、北京、成都等城市的学校中开展了这项运动。1953年，在天津首次举办了全国羽毛球比赛，当时只有5个队、19名选手参加。1954年，先后有一批报效祖国的赤子回国，并带回了先进的羽毛球技术，同时组建了国家集训队。在东南沿海的几个主要大城市，也成立了以归国华侨青年为骨干的羽毛球队。

  由于政治上的原因，当时我国未加入国际羽联。所以，没能参加世界锦标赛。直到1981年5月，国际羽联重新恢复我国在国际羽联的合法席位，实现了我国运动员的夙愿——逐鹿世界羽坛，争夺世界桂冠，涌现出了一大批羽坛世界冠军。

  进入21世纪后，武汉硚口籍的运动员高崚更是令世人刮目相看。她在羽毛球生涯中共获得14次世界冠军，两夺奥运金牌，是史上唯一蝉联奥运会混双冠军的选手。拿到4枚奥运奖牌的她，也是史上获得羽毛球奥运奖牌数量最多的选手，并实现了奥运会、世锦赛、世界杯、亚运会、全运会和"苏迪曼杯""尤伯杯"的"超级大满贯"，是获得羽毛球世界冠军最多的运动员，被世界羽联评为奥运羽毛球比赛史上最成功的运动员。好牛掰哦！回回霸榜，不禁叫人惊掉下巴！

一、宝剑锋从磨砺出

1980年3月14日,湖北一高姓人家新添了一个女娃。她的奶奶原是武汉精武会的会员,崇尚武术。父亲高峰、母亲李春香都曾是下放知青,在鄂西利川县接受劳动锻炼。高峰年轻时曾是一名篮球高手,早在利川下放时就小有名气了,据说差一点儿就进了八一队,后来知青回城到武汉市蔡甸区工会担任篮球教练。这也算得上是体育世家了。

老爸高峰,为千金取名"崚",一来为了纪念他与妻子在湖北利川山区的相知相恋;二是由于"崚",还有另外一个读音,念作"棱",而用湖北话表述,就是"能"的意思。老爸有才,长大后的高崚,真用两枚奥运混双金牌,证明自己实力超凡,确实"能";手中握有14个世界冠军,一览众山小。

高峰作为八一队的"准球员",未能进入专业队固然遗憾,

高崚与张军在比赛场上奋力拼搏

但他慧眼识珠，竟发现了女儿的运动天赋，也算是一种"补偿"吧！高崚自小就跟着爸爸在球场边玩耍，看惯了场上的激烈竞争，耳濡目染的她一开始就从爸爸那里受到了体育运动的熏陶，幼小的心灵里已经习惯了场上的拼搏。

高峰对女儿的疼爱似乎有些特别，潜意识里一直是把她当男孩子去培养。在高崚学会走路后，爸爸就要求她跟着大人在操场上奔跑。4岁起就开始让她系统地接受体育锻炼，5岁时高崚就能跟着老爸步行10千米远了。高爸心里暗暗高兴，"看来，女儿真是搞体育的料哟！"

高崚7岁那年，还在蔡甸第二小学读书时，老师要求每个同学选择一个喜欢的体育项目。什么项目适合女儿呢？高爸、高妈面临选择的烦恼。跳水？10米跳台太危险，还有视网膜脱落的风险；乒乓球？全国打乒乓的人多了去，高手如云，想要脱颖而出太难；排球或篮球？女儿的身高不占优势哦……

于是，父母误以为羽毛球运动量小，又能集智慧与体力于一身，女孩子打起来舒展又洒脱。得，就是它了。于是，自作主张给女儿报了羽毛球。后来，李春香在接受媒体采访时说："那时我们对羽毛球不了解，以为运动量小，其实打羽毛球要整场跑，运动量相当大。"也正是因为这次的歪打正着成就了女儿高崚。

自打拿起羽毛球拍后，高崚就再也放不下了。就这样在学校练了一段时间。大约在8岁时，高崚被送到武汉体育馆业余体校接受羽毛球启蒙训练。那时，她正在武汉关小学读书，家住汉口黄陂街，离业余体校较远。后来，高崚转到硚口区崇仁路小学，这样一来，学文化课有了保障，业余训练也方便多了。生活在硚口的人最清楚，在体育馆训练的孩子大多在崇仁路小学读书，两校互补：既解决了孩子的体育训练，又方便了学生就近读书，也解决了家长们的后顾之忧。

童年的记忆应该是绚丽多姿的，但高崚的童年似乎有些单一乏味，除了学习就是训练。高爸特别热衷于督促女儿训练，对高崚的管束近乎于苛刻和冷酷，似乎决定要为高家培养出一个顶尖的体育人才。高崚没有天真快乐的童年，只有羽毛球和她相伴。别人家的孩子放学后就像飞出笼子的小鸟，展开双翅尽情玩耍；高崚却不能，从教室到训练场是她每天必走的路程，整天忙得像一个"旋转的陀螺"！

高爸"望女成凤"心切，给高崚制订了详尽的训练、学习作息时间表，把她的每一天都安排得满满的。爱玩是孩子的天性，高崚也有不听话的时候。但高爸没有像普通人家孩子的爸爸一样去打骂孩子，而是采用另一种方式，就是罚高崚长跑、弹跳。往往是高爸骑着自行车在前面跑，高崚在后面追……而且是高崚每长大一岁，高爸的"教案"就会"深奥"一层。每当女儿受不了，想打退堂鼓时，爸爸总教育她，不吃苦中苦，怎成人上人？还经常给她讲"宝剑锋从磨砺出"的哲理。由此可见，高峰当家庭教练还是很内行、很专业的。

俗话说：台上一分钟，台下十年功。高崚在业余体校学习训练的这三年很刻苦，吃住在学校，虽然年纪小，很多事情都需要自己去料理，洗碗、洗衣、拎水、自己整理房间。白天一上完课，她就赶到业余体校去训练，有时训练很紧张，她只好把晚饭打好端进寝室放着，等训练结束后再吃，经常吃的是冷饭冷菜。

当然，高爸只要有时间，就会到业余体校去陪伴女儿，直到高崚训练完毕，做完作业，睡下了才安心离开，这是何等的父爱哦！在那几年，高崚没有星期天，没有节假日，和父母一起上街的次数屈指可数；即便是大年三十也还在运动场上训练，所以，吃团年饭的时间总是比别人家要晚许多。尽管高崚父母的教育方式过于"另类"和"苛刻"，硬着一副铁石心肠去要求孩子尝百苦、知千辛，学会承受，习惯拼搏。真是可怜天下父母心啊！

1989年，高崚考进了湖北省体育运动学校，专攻羽毛球。从此，她的学习更加紧张，训练也更加艰苦。高爸照样经常去看她、陪她，了解她的训练情况。1992年，12岁的高崚入选湖北省羽毛球队。由于高爸的陪伴、鼓励，加上她天赋出众，训练刻苦，高崚在省队很快脱颖而出。

1997年，17岁的高崚进入国家队。即便是远离故土，高爸还是经常往北京跑，一家人的收入大都花在铁路交通上了。自从高崚进入国家队，高峰和妻子只有一个春节是在武汉过的，其余全在北京陪伴女儿过春节。夫妻两人生活一向俭朴，不大讲究吃穿，他们把自己的全部身心和积蓄都扑在了女儿身上，一门心思要帮助女儿实现梦想。后来，女儿成了世界冠军，成了为国争光的栋梁之才，夫妻俩所有的委屈和辛酸都烟消云散，17年的心血总算没有白费。

高崚刚进入国家队的那一年，也是她最困难的时候。因踝关节韧带拉伤，高崚的训练成绩一下子掉了下来。于是，她有了退出国家队回省队的想法。高爸对她说："你如果是因为打得不行被教练赶回来，那没话可说，因为你已经尽力了。如果是因为觉得太苦而当逃兵，那我们没法原谅你！"高崚懂得了，只有战胜自我，才能超越自己。从老爸身上，她学到了坚毅，学到了奋斗与拼搏，学到了持之以恒！

高崚深有感触地说："我首先要感谢父母，要不是他们，我不可能走到今天这一步。"

二、首战奥运夺冠军

2000年8月,高崚与搭档张军参加悉尼奥运会羽毛球混双比赛。这是她第一次参加奥运会,也许是命运之神的垂青,他们如同一匹冲出重围的黑马直接爆冷,为中国队夺得了奥运会历史上第一枚混双金牌。

更令人欣喜若狂的还不单单是因为他们得了冠军,而是他们击败了排名世界第一、第二的强手,为中国奥运军团拿到了一块"预算外"的金牌。要知道,当时高崚才出道两年,排名还没有进入世界前六强,两人混双排名还在世界50名开外哩!

虽说这场大赛早已硝烟散尽,但那次白热化的夺冠场景,仿佛还历历在目……

还在悉尼奥运会羽毛球赛事分组抽签时,高崚和张军就运气不佳,被抽在了"死亡之组"。赛过两轮即与号称世界第二强的韩国"无敌混双"组合——名将金东文、罗景民相遇。一个月前在马来西亚羽毛球公开赛上,就是这对"冤家"毫不费力地以2:0战胜了高崚和张军。

但此一时彼一时也,体育赛事往往瞬息万变。高崚和张军居然奇迹般击败了世界排名第二强的韩国选手。可一波未平一波又起,他们在1/4比赛中,又遇上了世界排名第一强的丹麦选手索加德和奥尔特森。这下可险了!高崚和张军还会有这么好的运气吗?管他咧,反正初生牛犊不怕虎!开局后,丹麦队以15:10先胜一局。第二局中国队以15:6扳回一局,且比分拉开较大,这无疑给了不可一世的丹麦队一个警告。第三局,高崚、张军采用多拍回合的战术,有效地消耗了丹麦队员的体力,比分交替上升,咬得很紧,

悉尼奥运会混双冠军：张军、高崚

接着，张军直取奥尔特森的中路压住阵脚，高崚则网前快速扣杀，又以13∶7顶住了丹麦队的反扑。第四局丹麦队疯狂反扑，中国队一度落后，换发球后，张军一记后排扣杀，高崚及时网前跟进保护，以15∶15持平。最后，以17∶15艰难取胜，一举淘汰了世界顶级强手丹麦队。

三天后的9月21日，羽毛球混双进入决赛。此时，在高崚武汉的家中也是热闹非凡。亲戚、朋友、记者们都来了，她的家，俨然也成为一个赛场。大家的眼睛都死死地盯着电视屏幕，更确切地说是盯着荧屏中的高崚。

在第一局的比赛中，高崚精神状态不佳，只得了1分，神情有些严肃，正在赛场上与张军商讨对策。家中在场的人都平神静气地看着电视画面。高爸突然冒出一句："高崚肯定没有睡醒，眼睛都肿了，这哪像她的状态？"这话没错，几场比赛下来，高崚实在是太疲劳了！事后，高崚在电话中对老爸讲，决赛那天，她还在房间里呼呼大睡，张军和教练坐在班车里等她。见高崚迟迟不出来，教练急了，张军赶紧下车去叫她，结果他们差点误了去赛场的班车。

湖北队的教练刘传义眼睛盯着屏幕说，印尼队选手的速度打出来了，而高崚和张军似乎慢了半拍，状态欠佳。高爸也不满意女儿的表现，心里窝着火："看看，这球打的！"只有老妈李春香对着电视上的高崚仿佛是在祈祷："高崚，沉住气，把第二局拿回来，一定要拿回来呀！"在奥运比赛场上，与其说是比技术，倒不如说是比意志、比毅力、比智慧，更比耐力。

第二局，高崚、张军依然不利，对手先得到8分，他俩苦拼苦赶才拿到5分。李春香在电视机旁挥着拳头，高声喊道："高崚，加油！豁出去，拼了！"高崚他们果然不负众望，比分追到了8∶8。高崚的爷爷对老伴说："我要你不用急吧！你们尽管放心，崚崚打得回来的！"看得出，爷爷对孙女也是挺有信心的。高爸说，这叫传递心灵感应。当比分超前时，高家又是一片欢腾。接着又是一阵紧张，无言的紧张，家人们都为他俩捏了把汗。后来终于反败为胜，1∶1战平。

第二局的获胜，使高崚和张军士气倍涨，加上1∶1战平的气势，使得他俩平添一股冲天的牛气。第三局，他俩一步一步地向对方紧逼。聪明的他们突然改变了战术，高崚在前场左右高低地变线，积极调动对方，同时严密防守；号称"张一板"的张军在后场凌厉地劈杀。这时，印尼选手没有了开局的狂劲，越打越被动，越打越急躁，最后不得不败下阵来。终于，高崚他们拿下了金牌。在印尼选手丢失最后一个球的一刹那，张军猛地把网拍一丢，兴奋地拥抱着高崚，久久没有松开……

"好，好啊！终于夺得冠军啦！"整个家都在沸腾！可是，当全家人欢呼雀跃之时，目睹女儿获胜的高峰转身一头扎进洗手间，泪如泉涌，放声大哭。感情的闸门一下子被打开了。多么的艰难曲折啊，多少年的艰辛奋斗啊，如今终于有了回报！

其实，高崚和张军搭档混双，最初并不为人看好。他们组合时间很短，只有半年多。即便在他们的教练眼中，这对年轻选手都还是有待雕琢的璞玉，能参加奥运会，给自己挣挣等级分就算是成功了，根本没有指望他们拿冠军。谁知他们不怕羽坛虎将，敢碰天下无敌，拼杀世界第一，竟创造了羽坛奇迹。真是酷毙了！2001年，高崚被评为年度国际羽联世界最佳运动员。

也许，这是命运之神的垂青；也许，是他俩平添的一股冲天的牛气。本来，高崚和张军只是想在奥运会上初试牛刀，不曾想亮出来的是一把光芒四射的利剑！

三、女羽的"定海神针"

1997年高崚进入国家队，起初专攻单打，谁知成绩并不理想。好在她及时更换赛道，投身双打领域。结果，"柳暗花明又一村"。

1999年，国羽队根据需要，让高崚与张军配对混双。一个来自武汉，一个来自苏州。爱吃热干面的高崚，性格耿直，可以理解。谁能想到，会说吴侬软语的张军，竟也是个急脾气。两人成天在一起练球，哪有舌头不碰牙齿的？两人吵架干仗，也是家常便饭，但吵完后，分分钟即能化解。原来，张军长高崚三岁，还是有担当的大哥哥，转身买回一罐饮料递给高崚。高崚接过饮料，咕咚咕咚来上几口，早把吵架干仗的事儿忘在脑后了。没关系！姐就是这么没心没肺。作为搭档，就需要两人相互理解，相互包容，相互妥协。

其实，他俩算得上绝配，是天作之合。高崚头脑清醒，发挥稳定，网前技术高人一等，擅长给队员创造进攻机会。而张军进攻凶狠，扣杀力量大，经常一板将对方扣死，享有"张一板"的美誉。

张军左手持拍，高崚右手握拍，一左一右相得益彰。高崚和搭档张军在第一次以组合的形式参加全英公开赛中，取得了好成绩。

2000年悉尼夺冠，那是高崚最难忘的高光时刻，特别惊喜。因为与张军风风雨雨一路走来，彼此都明白对方的艰辛。2004年雅典奥运会，高崚和张军再次杀入混双决赛。在与英国选手罗布森和埃姆斯的巅峰对决中，高崚和张军以2∶1击败对手，再次摘取混双金牌。高崚和张军由此成为奥运史上第一对实现混双卫冕的冠军组合。当最后一个球落地，张军唰地一下就躺平了，对不起，哥累了，就此瘫倒！还是我们的高崚可爱，上前拍了拍张军的肥肚腩，似乎在说，哥哥，快起来吧，对手还等着与我们握手呢……不知情的电视观众，还以为他们是一对情侣哦！

高崚除了与张军搭档混双，还要参加女双比赛，并多次在国际大赛中折桂。在世界排名中，高崚的女双和混双长期位居世界第一，也是中国继葛菲之后又一位兼项混双和女双的优秀选手。自2000年悉尼奥运会开始，高崚搭档秦艺源夺得女双铜牌。此后，高崚开始跟黄穗稳定配对，成绩突飞猛进。在2001年西班牙世锦赛上，她们首夺女双冠军。2002年至2008年的7年间，两人几乎垄断了全英赛的女双冠军，创造了全英赛百年历史的传奇纪录！2004年，高崚与黄穗搭档，在雅典奥运会上获得女双银牌。2005年，全英公开赛女双连续五年蝉联冠军。2006年世界锦标赛女子双打第一名。此后她与黄穗还多次夺得世锦赛女双冠军。就这样，高崚被誉为中国女子羽毛球队的"定海神针"。

在高崚的金牌背后，除了凝聚着教练的心血，也有父母的功劳。早在1999年，高崚的父亲高峰就放弃工作，一心一意培养女儿。2003年，高峰离开武汉常驻北京，借住在亲戚家的地下室里，全程照料高崚的生活起居。每隔两天，还要去市场采购猪肉，因担心含有瘦肉精，他就去买国家体育总局训练局指定的猪肉。为了更好地帮女儿备战雅典奥运会，高峰租住在国家体育总局附近的天坛公寓南楼，妻子李春香也过来了，夫妻俩组成"护卫二人组"。高崚喜欢吃武汉的剥皮鱼和藕带等，高峰就每隔一段时间返回武汉，然后大包小包地带到北京。

由于高崚对中国体育事业的贡献，她多次获得全国"劳动模范"、全国"三八红旗手"、全国"五一劳动奖章"、全国"新长征突击手"等荣誉称号，并先后当选为第十届全国人大代表和中共十七大代表。

奥运会结束后，高崚正式退役，当过公务员和教师，回国家队当过教练及专家顾问。2021年，国家羽毛球队备战东京奥运会期间，也请高崚给队员们集训当过参谋。

2000年10月17日，高崚回到硚口区体委。这里正在举行盛大的欢迎仪式，迎接她和肖海亮、伏明霞载誉归来。对硚口，高崚有着深厚的感情，这里是她迈入运动员生涯的起点。她由衷地赞叹道："真没有想到，我们硚口区培养出了这么多的体育人才！"

"中国体坛新名片" 李娜

人要在竞争中求生存，就更要奋斗

自从李婷和孙甜甜开创了中国网球在国际夺冠的先河后，中国体坛又出现了一张网球新名片——李娜。

2011年6月4日，将永远载于中国体育的史册。这一天，中国金花李娜在法网女单决赛中，以6∶4、7∶6击败赛会卫冕冠军、意大利老将斯齐亚沃尼，获得亚洲选手首个大满贯赛事单打冠军。在诞生了无数奇迹和冠军的中国体育史上，李娜用代表职业体育的最重要一冠，书写了中国体育的新篇章。

在我国体育历史上，能够永远被人们铭记的瞬间有很多。1956年陈镜开首次打破世界纪录，1959年容国团拿下新中国首个世界冠军，1981年中国女排在世界杯上夺得首冠，1984年许海峰"零的突破"，2008年张怡宁拿到奥运会第100金……如果细数下去，我们还能罗列很多很多。而今天李娜的胜利，与众不同之处在于，这是在一项高度职业化的比赛中取得的胜利。

一、"法网"夺冠 震撼全球

中国军团在2008年的北京奥运会上大获全胜，依靠的是乒乓球、羽毛球、体操、跳水、射击、柔道、举重几大金牌运动队的卓越表现。而在全球范围内影响力最大的足球、篮球，在吸金能力最强的高尔夫、赛车、网球等项目上，则是少有突破。

网球项目自从进入公开赛时代以来，在全球的影响力与日俱增。而在这样一项广受欢迎、高度职业化的运动中，中国金花已经征服了奥运会冠军，也征服了双打大满贯的冠军，但还从来没有一位中国球员，甚至一位亚洲球员问鼎代表最高水准的单打大满贯冠军。如今，这一历史已经被李娜改变！中国人、亚洲人的名字第一次镌刻在苏珊—朗格伦杯上。欧耶，真是酷毙了！这是改变中国网球史的一天，这是属于14亿人的骄傲，属于所有中国体育人的骄傲，属于中国所有体育迷的骄傲！成就感简直要爆棚了！

面对前所未有一位中国人的闯入，一向喜欢变化和惊喜的法国人，立即展现出其特有的浪漫。法国媒体给予了相当夸张的报道，他们的第一大报《费加罗报》并非体育报，却也在首页配以李娜灿烂微笑的大幅照片进行了报道。而所有的词语全都是：难以置信、

活跃在比赛场上的李娜

史无前例、历史性的。整整一天,李娜占据了法国各大电视台!呵呵,这不是在为中国人刷存在感吗!

当然,李娜的胜利最高兴的还是中国人和海外华人。半决赛那天,虽然只是半决赛,而且还是国内并不太普及的网球,但中国观众竟然高达4亿人!6月2日,竟打破了法网历史的收视纪录。李娜的胜利由此可知带给中国人多大的喜悦。

我们从一件小事上,可以看出李娜胜利的意义:在那次比赛中,法国网球协会立即向中国大使馆赠送了15张紧俏至极的门票。本来没有时间前往观看比赛的中国驻法国大使孔泉也颇领法方的心意,出现在看台上。如果没有李娜展现的实力,也就没有法方对中国大使的这种礼遇。

法网决赛那天就更不得了了,有8亿中国人观看了比赛。这对只有六千万人口的法国来说,是一个多么令人眩晕的数据啊!能够得到这么多人的关注,这在法网历史上恐怕是空前的。法国人的口恐怕一个个顿时都成为了"O"字形,惊呆了!

和李娜一起进入观众眼帘的:是法网上少有的招展的五星红旗,是李娜身上的红帽、红短裙,当然还有法网特有的红土地。简直要霸榜了！李娜这位中国乃至亚洲的网球一姐，果然没有令人失望。她和她的对手一起贡献了一场精彩、扣人心弦的比赛，当场就嗨翻了天！

李娜闯入欧美的法网，其象征意义不言而喻。一位法国网友看了比赛后，在《费加罗报》网站上这样留言："精彩！我一直喜欢佩雷菲特的一句话：'当中国觉醒，定震撼全球'"。作为中国人，一种自豪感立马就会油然而生。

二、"伯乐"领航　港湾温馨

李娜的祖籍是湖北孝感，她父亲早在20世纪60年代就从湖北孝感县迁到汉阳县，即今武汉市的蔡甸区。她母亲李艳萍是湖南人。

李娜于1982年生于武汉市江岸区球场路16号。由于爷爷家居住在硚口，所以，她就读于硚口区某小学。爷爷李龙立是小学的体育老师。李娜受家庭熏陶，从小就爱打球。于是，6岁那年，爷爷就带她去报了个羽毛球班。练了两年后，发现她打羽毛球总是乏力，也许打网球可能会更好些。

1990年，武汉业余体校的教练夏溪瑶，硬是把李娜从羽毛球场"拐"到了网球场，教李娜挥出了第一拍，最终引领她走上网球之路。说起李娜，夏教练总是滔滔不绝："我教的孩子也有成百上千了，李娜是最特别的，也是最出色的。以前送她去省队时，只是觉得她的条件特别好，意志品质很优秀，将来可能会有出息。后来，慢慢看着她从省队到国家队，又单飞到世界职业网坛，我心里也有了期盼……"作为李娜的启蒙教练，夏溪瑶是个很认真的人，事业心强，技术又好，场上训练严格，场下对孩子们特亲。她至今还保留着李娜的训练日记、学习成绩单和跑步测试成绩单哩！

李娜是读小学二年级开始打网球的。她每天都要上学，完成作业，但她喜爱网球，一天不落地坚持参加训练。师徒们对环境条件没有太多的要求，只要能训练，能比赛就行，他们是在"打游击"的过程中不断提高球技的。夏溪瑶回忆说：要想孩子将来有出息，必须得孩子、教练员和家长三个方面有良好的互动。李娜当时打球，家里每天都会接送。

李娜母亲李艳萍，与女儿直率外向的性格不同。她温柔内敛。当有人问她冠军是如何培养的？李艳萍回答说，"这要归功于李娜自己的刻苦付出"，"我所做的不过是培养她的兴趣，仅仅是鼓励她，帮她选择适合她自己的道路。"有网友叫她"国际娜妈"，李艳萍谦虚地说："每个妈妈都是一样的，不需要太高的评价。"可是，女行千里母担忧啊！每当李娜在赛场上拼杀，就是李妈妈永远不变的牵挂。由于紧张的训练和比赛，李娜每年只能回家两三回，每次也只有一两天，最短的一次，睡了一个晚上就走了。妈妈多么希望在过年的时候，女儿能回家多歇几天，娘俩好好说说话。她所担心的是："李娜实在太辛苦了！"

据李妈妈介绍："李娜最喜欢吃武汉的藕汤、酸辣土豆丝，还有湖南的白辣椒炒牛肉。出外打球总是嘴馋家乡的食物，一回家，我就给她做这些菜，她还喜欢吃我做的鸡蛋面和武汉特产热干面。至于下厨则不是李娜的强项，每次都跟我打下手。"李娜在答记者问时说："从小到大，母亲把我照顾得无微不至，让我感受到家庭的温暖。"每次李娜夺得冠军回家，都会嘟瑟地给老妈一个大大的拥抱。

三、遍地开花　创造历史

李娜的身体素质是中国乃至亚洲选手中最接近欧美风格的选手，个子达到 1.73 米，手脚粗壮，身体倍儿棒！似乎亚洲选手的先天力量不足的劣势跟她无关。她依靠先天的优势和要强的个性，兼具优异的技术和不懈的拼搏精神，在球场所向披靡！她正反拍实力均衡，正手尤为凶狠多变，素有世界前五之称。其移动灵活，底线实力突出，球风以主动进攻为主，天赋好，力量素质强，使她成为我国与欧美选手较量最具有竞争力的球员。可以毫不夸张地说，继姚明的高度、刘翔的速度、丁俊晖的准度后，李娜代表了中国的力度！李娜成为中国体坛的新名片。

自古英雄出少年。李娜 1996 年正式出道，14 岁转为职业选手，1999 年获 3 个 ITF 单打冠军和 8 个双打冠军。17 岁时入选国家集训队，教练是余丽桥。和许多中国的师父一样，余丽桥要求严厉，不善表扬，对弟子一直是训斥较多。俗话说得好，严师出高徒。2000 年的悉尼奥运会，18 岁的李娜首登奥运赛场，虽然被大满贯冠军桑切斯两盘横扫出局，但是这一年，她在塔什干入围了职业生涯的第一个 WTA 正赛，依然夺取了 8 个 ITF 单打冠军和 6 个 ITF 双打冠军。

2001 年，她进入大满贯赛场，并在 ITF 巡回赛中再添 2 个单打冠军和 1 个双打冠军。2002 年，世界排名仅列第 308 位的李娜，在美国米德兰德的 ITF 比赛中八战全胜夺冠，赢得了她的第 13 个 ITF 女单冠军。也就是在这年的年底，李娜在釜山亚运会前突然选择退役，进入家乡武汉的华中科技大学学习。

2004 年，李娜复出之后，马上在广州夺取了职业生涯的第一个冠军。2005 年，在埃斯托利尔夺得了亚军，在其他三项赛事中跻身四强，并在澳网和美网上成就了个人前两个大满贯正赛。在复出后一年多的时间里，李娜就从零积分冲到了世界第 33 位，超越了李芳过去创造的中国球员在 WTA 中的最高排名纪录。这也太不容易了！

2006 年，李娜为中国女子网球又创造了多项历史记录：5 月，她在柏林杀入了个人职业生涯的首个一级赛半决赛；7 月，她成为了温网历史上第一个杀入大满贯女单八强的中国球员，并成为了第一个入围 WTA 单打排名前 30 的中国人；8 月，她又成为了历史上第一个杀入 WTA 单打 TOP20 的中国球员。毫无疑问，2006 年是李娜载入史册的一个历史性赛季。

"中国金花"李娜夺冠，喜获奖杯

2007 年，李娜在悉尼杀入四强，在澳网上杀入 16 强。在上半赛季所参加的 13 项赛事中，李娜在五项赛事中至少杀入八强行列，世界排名一度晋升到了世界前 16。谁知，天有不测风云，人有旦夕祸福。这年的 6 月，李娜在伯明翰站中不慎肋部受伤，这也导致她缺席了 2007 年整个下半赛季，真是令人遗憾耶！

2008 年，李娜伤好后，立刻在黄金海岸用个人第二个单打冠军印证了自己的实力，她也成为了中国女网历史上第三个总奖金额超越100万大关的球员（继郑洁、晏紫后）。2月的安特卫普和多哈，李娜又杀入了背靠背的四强，并帮助中国女队历史性地杀入"联合会杯"的世界组四强。然而，3月，右膝盖伤又成为了李娜前进路上的绊脚石，并因此错过了法网比赛，这大概就是人们所说的祸不单行吧。

接下来北京奥运会，李娜闯入女单四强，连胜库兹涅佐娃、大威廉姆斯等世界顶尖选手。2009年，李娜与中国其他三位顶尖女子网球选手郑洁、彭帅、晏紫一道，正式脱离国家队，开始走上自负盈亏的职业化道路。李娜聘请瑞典籍前国家网球队教练托马斯·霍格斯特作为自己的专属技术教练。

2009年9月的美网中，李娜在第4轮战胜意大利猛女斯齐亚沃尼杀入八强，创下个人美网最佳成绩，这也是中国金花美网最佳战绩。

2010年的澳网，第一次有两位中国姑娘亮相大满贯赛事的半决赛。不幸的是，李娜和郑洁分别被最顶尖选手小威以及海宁阻止进入决赛。李娜凭借在大满贯的优异表现，澳网之后的2月份成功闯入世界前十，这也是中国网球史上，第一个打进WTA前十的选手。

李娜在2011年初的悉尼赛上给国人带来了惊喜：中国金花在决赛中以0∶5落后的情况下，实现了大逆转，力克三届大满贯得主小克，收获中国首个顶级赛冠军。

2011年澳网，李娜以9号种子的身份，继2010年之后，再次创造了中国乃至于亚洲的最好战绩，成为首位打进到大满贯单打决赛的选手。李娜在与比利时人克里斯特尔斯的决赛中，以6∶3拿下第一盘，但随后以3∶6/3∶6连丢两盘，遗憾地获得澳网亚军。

2011年在巴黎，李娜连续两项大满贯赛事进入决赛，为亚洲赢得第一个网球大满贯单打冠军，同时她的世界排名历史性地进到第4位，够神速吧！

2012年，在伦敦奥运会火炬传递的第68天，圣火从哈罗出发，经温布利大球场和亚历山大德拉宫，最终抵达哈林盖，全长30.48英里，共有153名火炬手参与传递。作为第147号火炬手，李娜下午6时出现在了传递现场。在热衷于网球的英国民众眼中，李娜是相当受欢迎的，很多小朋友纷纷冲到李娜面前，与这位大满贯得主合影。她再一次代表中国出征奥运，一种成就感油然而生。

2013年，她在WTA年终总决赛中获得亚军，世界排名首次晋升前3。2014年，第三次晋身澳大利亚网球公开赛决赛的李娜最终收获女单冠军，获得自己第二个大满贯女单冠军，这也是澳网百年历史上亚洲选手首个澳网单打冠军，以及公开赛以来澳网最年长的单打冠军，世界排名第2，创造亚洲个人排名纪录，成为亚洲第一位两次获得网球大满贯单打冠军的网球选手。这成就简直令人雀跃而起！

毫无疑问，李娜职业网球生涯成功的直接原因，是2008年开始的"单飞"。诚如中国新闻网的评论所说，李娜的实力来自传统体制多年培养，李娜的动力来自网球职业化"单飞"的激励。李娜和中国排球宿将孙晋芳执掌的国家体育总局网球运动管理中心，一同摸索出了一条适应市场经济和开放多元社会的中国职业体育发展的新模式。

四、伉俪恩爱　教练"保姆"

在华中科技大学念书是李娜生命中最特殊的篇章。通过学习，她不仅重新领悟了网球的真义，而且在复出后还不断刷新中国女网的历史纪录。还有一件值得庆幸的事，她在这里遇到了姜山，一个生命中最重要的人，同学兼恋人，后来的丈夫兼教练。

在校园，她和姜山一起看书上自习，还积极参加学校的体育活动，包括跆拳道、乒乓球、羽毛球，甚至体育舞蹈和现代舞。有一天，坐在东校区网球场边的李娜，正出神地看着场上奔跑的同学们，一旁的姜山知道了她对网球难以割舍的心思。就动员李娜说："你还年轻，还是试试吧，免得以后后悔！"2004年初，22岁的李娜离开两年后正式重返国家队。

2006年1月27日，李娜如愿以偿地与姜山结为夫妇。2007年1月，国家体育总局网管中心正式任命姜山为李娜的私人助理教练。据了解，教练和队员是夫妻关系，这在中国体育界还是首例。这样，李娜终于有了一位既能在训练中给予指点，也能在生活中给予照顾的"全能"教练。李娜这样评价丈夫说："有他在，我能更专心地投入比赛。"

李娜与姜山

姜山还会用一些小的方法刺激李娜提高成绩，比如送礼物。李娜在澳网期间公开表示："如果在大满贯中打入八强，一级赛事打进四强，二级赛事进入决赛，三级以下赛事夺冠，他就会送我礼物。"年初首战黄金海岸赛李娜一举夺冠之后，姜山也履行了自己的诺言。李娜甜蜜地表示："礼物我已经收到啦！"就这样，姜山和她一起在世界各地征战。"能有今天的成绩，姜山的功劳最大，没有他就不可能有今天的我。"这是李娜的真情流露。

俗话说，一行服一行，扁担服箩筐。李娜的脾气不大好是众所周知的。赛场上，她时常急躁，不过姜山却能够无限度地包容她。

说起哄妻子，姜山自有他的一套办法。李娜表示："我知道自己脾气坏透了，训练时，我也常常会没头没脑地生气。但每次他都用温柔得不能再温柔的口吻对我说：'生气太多伤身体，我可都是为你好啊'。"说到这，李娜"扑哧"一笑，"他这么可怜兮兮地一说，我也只能软下来了。"

有人曾这样说，家是最不讲理的地方。在此之前，李娜遇上不顺心的事，并不会冲着教练发泄出来，"但心里很不服气，所以教练让我往东，我偏往西。现在好了，想到什么就能说什么，姜山对我是无限度地包容。交流沟通顺利了，我的成绩也更容易打出来"。其实，除了教练和"出气筒"这两个角色外，姜山在那次李娜受伤期间，还兼任了私人"保姆"的角色。用李娜自己的话说："受伤的时候真的很幸福，都不用下床，都是他给我送水送饭，照顾我。"多亏了姜山的照料，李娜的身体才能在半年内迅速恢复到最佳状态，并在伤愈后创造了一系列好的成绩。

虽然李娜的比赛成绩越来越好，但在场下，两人却很少谈论关于比赛的事情。"业余时间我们很少谈及比赛，要是再谈有关网球的内容，这日子就真没法过了。"李娜笑着说。凭借自己在球场上拼搏厮杀的一股狠劲儿，李娜已经坐稳了"中国一姐"的位置。但她最向往的生活状态一直都没有变，就是和丈夫长相厮守，当一个岁月静好的家庭主妇。

李娜也是一位有爱心的运动员。2010年5月，李娜将在马德里皇冠赛获得的50万元人民币奖金，捐给了青海玉树地震灾区；中网的奖金她也通过中国儿童少年基金会捐给了家乡的福利机构。"我是国家培养的，所以有责任为国家做点事情。"她希望通过媒体的报道，能带动更多的人来帮助孤残儿童。

2010年12月，李娜获得"安踏2010 CCTV体坛风云人物"年度最佳女运动员提名奖；2011年4月，李娜又获得"世界因你而美丽——影响世界华人盛典2010—2011"大奖。李娜不仅仅是中国的一张体育名片,她的幽默和风趣以及用英语交流时的挥洒自如其实也代表了中国的形象,并用自己独特的魅力向世人宣传着中国。

"跳水王子" 胡佳

人生伟业的建立，不在能知，而在能行

2017年11月25日，武汉市硚口区举办了一场"冠军回家"的活动。硚口真牛呀！一下请回了这么多的体坛大咖：韩爱萍、童辉、乔红、刘黎敏、韩晶娜、肖海亮、李婷、杨维、胡佳等9位从硚口走出的世界冠军集体亮相，令人感慨不已！他们曾在全球体坛叱咤风云，成为举世瞩目的世界冠军。虽然岁月改变了他们的容颜，但退役后仍是人生赢家！

胡佳的人生就是这样一个辉煌的赢家！在2004年雅典奥运会跳水比赛男子10米跳台决赛中，胡佳夺得个人首枚奥运金牌，这也是他赢得的第一个世界冠军。2005年至2008年，又先后获得泳联跳水大奖赛美国站男子10米台双人冠军，珠海站男子10米台双人冠军，世锦赛男子10米台单人赛金牌，曼谷大运会男子10米台冠军，跳水大奖赛马德里站男子10米台冠军，够厉害吧！

一、望子成龙

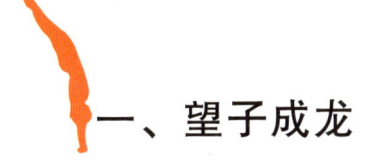

1983年1月10日,胡佳出生在武汉市硚口区。小时候的他十分顽皮,是个闲不住的家伙。老爸胡光全形容他像个"跳蚤","要是哪一天变得安静了,那肯定是生病了。"说起胡佳童年的两件糗事,父母至今记忆犹新。

20世纪80年代,电视剧《西游记》正在热播。3岁的胡佳找了根1米来长的竹棍,装模作样地学起孙悟空玩起了金箍棒,很萌、很可爱的样子!由于成天爱不释手,结果乐极生悲了。这里有胡佳爸爸的回忆为证:"那时候,大家都是烧煤做饭,我骑三轮车去拖煤,胡佳坐在三轮车上玩竹棍,玩得不知有多带劲。突然,我感觉车轮被什么东西卡住了,紧接着,胡佳的哭声也从身后传来。我回头一看,吓了一跳,胡佳的额头上鲜血直流。原来,小家伙舞弄竹棍忘形了,插进了车轮里,结果被竹棍戳破了额头。"

还有一件糗事发生在胡佳4岁那年,乡里大伯家的老人去世,请人做"法事"。"法事"中有一项内容就是"放铳",所谓"铳",就是自制的土枪。待"法事"正式开始时铳却哑了,怎么弄都打不响。亲友满座,情形十分尴尬,大伙儿只得把铳拆开,发现底火嘴里堵满了泥巴坨子。"这是谁干的?"胡佳调皮地眨着眼睛跳了出来,还在那里洋洋得意地显摆!也许,他真不认为自己做错了事,还觉得自己很了不起,很好玩,很有趣儿。而大伯当时气得要扇他的耳光,做父母的也不知道有多难为情,恨不得找个地缝钻进去。

俗话说得好:调皮的孩子大都聪明,将来也许会有出息。胡佳后来的人生确实验证了这一点。

1986年,3岁的胡佳最初学的是体操,转行跳水则是1988年底的事。那年,5岁半的他在利济北路小学上学前班,有一天,武汉市业余体校的教练来班里选拔苗子。教练白建平见胡佳手臂、小腿、跟腱较长,身高也合适,就当场选中了他。

1989年大年初五,6岁的胡佳开始学习跳水。说来好笑,别看胡佳小时候是个十分顽皮的"神兽",天不怕地不怕,但却有一项怕,就是怕水,你也许不信,这个后来的世界跳水冠军,竟然在童年是个不会玩水的"旱鸭子",而生在"江城"武汉这个"百湖之市",哪有男孩子不会游泳的?

在业余体校教练的逼迫下,胡佳第一次下了水,这对他来说,简直比上刀山还难。有几个被选中的小朋友在跳台上反复上下,因不得要领,经常呛水。第一次训练结束后,胡佳对父亲说:"爸爸,我怕!今天喝了好多水。"那时,胡佳每周周一到周六都是陆上训练,只有周日才进行水上训练。自从那天呛水后,一到星期天,胡佳就坚决不去参加训练,因为他被呛怕了,对水有一种恐惧心理。

既然进了业余体校,选中了跳水,就必须坚持训练。父母的态度很坚决!但武汉有句老话:粑粑靠摸,小伢信哄。为了"哄"儿子去训练,父母绞尽了脑汁,想尽了法子。真是望子成龙啊!

知子莫如父。小顽童胡佳与其他小朋友一样,喜欢变形金刚、赛车等玩具。父亲就跟他说，只要答应去训练，就给他买这些玩具。可小胡佳有点耍赖，玩具买了他还是不去。"这孩子从小就犟，我们把他往门外拖，他就抱着床脚死活不撒手。"父亲态度很坚决，"小孩子遇到困难就害怕、退缩，肯定不行！绝不能被困难吓倒，去不去由不得你。"但又觉得不能过分强迫孩子，便和教练商量，先去学游泳，然后再练跳水。可是学了三个月，等胡佳再次被带到跳台前，他还是吓得不敢往下跳。

俗话说：万事开头难。为了让儿子越过惧怕跳水这一关，父母就委托一位在击剑队当运动员的叔叔帮忙，"如果他不跳，麻烦你堵在跳台口，不让他下来！"果然，这一招奇迹般地奏效了！那天，当胡佳登上10米跳台，朝下看时腿有点儿发抖，心里十分紧张害怕。他正想下来时，那位叔叔却拦住了退路，指着胡佳说："如果你再不敢跳，我就把你推下去。"

这句话把倔强的胡佳惹毛了，一下就激怒了他心底的野性："哼！跳就跳，谁怕谁呀！"他昂起头对那位叔叔说，"我干什么要你推？我自己不会跳吗？"说着胡佳转身走向10米跳台。父亲在下面对他说，你如果跳下来，我就带你出去玩。此时，这位叔叔的激将法又刺激了他。话音未落，他纵身一跃，像冰棍一样脚朝地直直地跳了下去，落入水中。从水池起来后，小胡佳的眼睛眯成了一道缝，有点儿显摆地对父母说："嗯，感觉还不错，我真的会跳了！"就这样，胡佳终于克服了心理上的压力，闯过了"跳水关"。

胡佳住进业余体校后，每天早上6时出操，早餐后上课，下午放学后继续训练，寒暑假则是全天训练。到小学二年级时，为方便训练，他转学到体育馆小学。水上训练从1米台、3米台最后到10米台，循序渐进地打基础。他在业余体校训练了两年，因为勤奋的缘故，胡佳入选到跳水队的重点班。这时需要在体校住宿，训练的次数更多，时间更加紧张。也就在这一年，为了儿子的前程，父亲胡光全下决心辞职了。

胡光全原本在武汉港口运输公司上班，因单位效益不好，家里经济拮据，想给胡佳买点营养品也时常感到困难。为了孩子，1990年，胡光全辞去公职"下了海"，到汉正街小商品市场租了处摊位，经营起小买卖，当起了个体经营户。先卖了一段时间的床上用品，后来又改做五金配件生意。尽管要起早摸黑，他仍坚持把生意之外的所有时间都给儿子。

胡佳的妈妈许爱国原是武汉汪玉霞食品厂的职工，1992年也辞职和胡佳的父亲一起做生意。"一点不夸张地说，那几年我们夫妻俩基本没和同事、朋友出去玩过。下午6点一收摊，我们就到体校照顾孩子，给儿子辅导作业，帮他压腿训练力量。"后来一谈起陪伴胡佳的岁月，夫妻俩仍流露出一副往事不堪回首的样子。

别看那时胡佳只有6岁，却是队里最不偷懒、最能吃苦的孩子。体能训练课上，教练要求单脚上台阶，十步一组，一共十组，别的孩子累得爬不起来了，胡佳还在闷头往楼上跳，小腿儿直哆嗦。教练不喊停，胡佳就咬牙忍着，直到最后一跳完成。回到家，爸爸还要给胡佳压关节。因为，跳水比赛除了技术动作的高标准外，体型的美感同样至关重要。如果小时候关节不压直，会影响以后运动员动作的完成质量。所以教练也给家长布置"作业"，要求配合做好孩子的辅助训练。

每天晚饭后，胡佳坐在床上，脚尖伸直搁在床头。爸爸张开大手，不停地按在儿子悬空的膝盖骨上，三十下一组，每天至少要做五组。一套做下来，满头大汗的儿子哭得如同泪人儿一般，父亲呆立一旁，心痛得要死。"这么疼，要不咱不练了，好不好？"爸爸为了考验他，经常试探着问。胡佳嘴里喊着疼，小脑袋却一个劲在摇。妈妈许爱国私下里窃笑道："这孩子恐怕真的是爱上跳水了。"胡光全担心地对妻子说:"我们是不是'望子成龙'的心太急切了?"

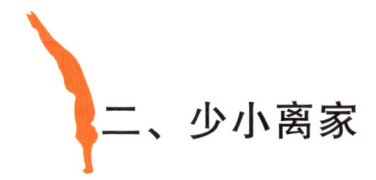

二、少小离家

胡佳9岁那年,被时任湖北省队的跳水名将李青教练看中,加入到省队集训。父亲胡光全一有时间就去看儿子训练。他想,大人的领悟力总比小孩子强吧,我在旁边帮他记着点、帮着提醒点,小胡佳练起来自然会事半功倍。时间一长,爸爸俨然成了儿子的"第二教练"。

这时,国家队组织各地业余体校的苗子集训。湖北两次的集训名单都没有胡佳的名字,这让他父母开始感到担忧。直到1993年,李青教练与广东跳水名将谭良德结婚,准备调到广东工作了。胡佳父母心里别提有多矛盾、多着急,妈妈许爱国忐忑不安地找到教练。李青说:"你对我放不放心?"胡妈妈连忙说:"那有什么不放心的呢!"教练李青带胡佳已不是一天两天了。"如果你们放心,我就把胡佳带到广东去培养。"李教练认为胡佳是个好苗子。才10岁大的胡佳得知自己即将去广

小胡佳与父母在一起

东，就哭了起来："我不去广东，我这么小，我离不开你们……"

但为了儿子的前途，胡佳的父母还是狠心把儿子送到了广东。开始在汕头市跳水学校进行跳水训练，教练是陈天元；1994年进入广东队，11岁的他成为一名正式的跳水运动员，教练是谭良德、李青；1999年入选国家队，教练是钟少珍，至此，胡佳的命运，才真正跟跳水"绑"在一起了。

胡佳在广东队练了5年，他的父母也陪儿子在广东过了5个春节。胡妈妈说："他刚到广东时，我们每隔一个月就去看他一回，每次去的时候都是高高兴兴，回来时则泪流满面。"胡妈妈回忆了最让她痛彻心扉的一次离别："那是胡佳到广东的第二年，我们提前3天买好了返回武汉的飞机票，但就在离开广东的当天下午，胡佳在训练中不小心脚趾撞到了水池上，导致骨折。这使我们陷入了两难：走，不忍；不走，又不行……"说到这里，胡妈妈眼眶湿润了，"那天我在飞机上哭了一路，到了家里泪水还没有干。"直到2004年4月，他们夫妻俩才毅然决然地将门面转卖了，决定要和孩子生活在一起。

1993年，胡佳参加"幼芽杯"儿童跳水赛并获得全国金牌，成为他的第一个大赛冠军。1994年，他参加第9届广东省运动会跳水赛，获得少年组1米板跳台冠军。此后，他又获得多次跳板及跳台冠军。直到1999年，在全国跳水锦标赛上夺得双人跳台冠军后，胡佳的主项才确定在双人及单人跳台的项目上。

然而，天有不测风云，人有旦夕祸福。1997年，胡佳在训练时不小心一头撞上了10米台，昏迷了12小时，血流不止，伤口被缝了9针。第二天，他醒来后的第一句话就问教练测验什么时候比，结果在测验中他依然战胜了其他队友，获得了参加全运会的资格。

胡佳的少小离家，历练了他的生活能力，也让他的性格中多了一分坚毅。正因为从小就经受过与亲人的分离，经历了独自生活的艰苦磨炼，胡佳才从一个怕跳水的顽童成长为世界跳水冠军。胡佳在夺得男子10米台冠军后接受记者采访时说："一秒钟的比赛是我用16年的时间磨砺出来的。"这正是宝剑锋从磨砺出，梅花香自苦寒来呀！当然，在胡佳的成长路上，铺洒着老师、教练的心血和智慧，这棵令人羡慕的冠军之树，倾注了他们悉心的呵护和精心的栽培。

在出征雅典奥运会前，胡佳曾回过母校。当年的班主任问他，4年前悉尼奥运会惜败田亮，这次你准备好了没有？胡佳说没有败给他，是自己败给了自己！说这些话的时候，还像是一个知错的孩子，忐忑地告诉老师自己的错处。他在雅典奥运会上如愿夺冠，算是对老师最好的报答。

李青教练带了胡佳9年，彼此了解，渊源深厚。1993年带他离开湖北到广东打拼，又将他送到国家队，带他走上专业跳水运动员的征程。在广东队的时候，因为他年纪小，胡佳的工资都由李青帮着管理，胡佳的日用品、被子床单、衣服等物品都由李青代为购买。有时候胡佳找父母要钱买东西，李青总不让他乱花钱，会帮他存起来。严师出高徒，胡佳雅典奥运会夺冠后，李青感觉自己多年的心血没有白费，当天，她就从天津赶到北京胡佳的家中，和胡佳的父母一起欢庆胜利，李青和他们就像一家人！

胡佳也表示："这些年我付出了很多，能拿到这块金牌，我觉得没有辜负我的老师、教练和很多帮助过我的人。"这是他真诚的肺腑之言。

胡佳夺得世界杯跳水赛银牌

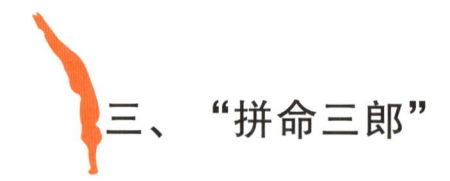

三、"拼命三郎"

曾有教练评价胡佳的跳水动作,标准得如一本教科书,但却没有个性。所以,他就在加大动作难度上下起了功夫。

胡佳训练拼命是队里出了名的,队医都叫他"战神"。在他训练时,钟少珍教练不是要看着他要跳多少个,而是要看着他别跳多了。平常训练时,他一天要跳4个自选动作,平均每个动作跳5次,就是20次,再加上规定动作,他每天大约要从10米台上跳下30多次,超过这个训练量,手臂就受不了了。可是胡佳一旦跳坏一个动作,经常要重新再跳,这时,钟教练总要让他少跳几个,有时看不住他还是多跳了。

胡佳被人们称作"拼命三郎",还因为他由于视网膜脱落可能导致失明的风险。跳水运动员在入水瞬间眼部会受到较大冲击,造成视网膜脱落。尽管胡佳的双眼接受过两次手术,但依然未能痊愈。后来，胡佳在训练中又出现了腰伤，腰伤完了之后膝盖又伤了，膝盖好了后肩又伤了，全身的伤病接连不断地来。真是祸不单行啊！

他几乎天天都在跟伤病作斗争，每天的治疗时间都需要两个小时以上，特别特别的难。20多年的职业生涯经历，胡佳战胜了无数的困难，反复地成功、失败，成功、失败……但胡佳硬是坚持到了最后。这是源于他对这项运动的热爱！是因为他有自己的梦想：一个世界冠军梦，一个蓝色的梦想！

为了这个梦想，胡佳还主动挑战高难度动作。2003年，他雄心勃勃地开始练一个叫"向后转体两周半翻腾两周半屈体"的动作，为此他付出了很多。按胡佳的说法："我是玩命把它练下来的。"这个动作入水时容易摔伤，练1次腿就会摔得发紫，练5次腿就会摔得发黑，淤血就出来了。他摔了足足一个星期，才成功掌握这个动作。队友和教练在旁边看着，都感慨"胡佳太能拼了"！这个高难度的动作，给胡佳带来了好几次100分以上的高分，成功地书写出了传奇剧本。有人公开说，胡佳是"中国跳水难度第一人"！

2000年8月的悉尼奥运会跳水队选拔赛，国家队内的排名是田亮第一，黄强第二，胡佳第三。可参加奥运会男子跳台项目的名额只有两名，一直是黄强和田亮配合双人组合，胡佳只能是替补。虽然带着些许悲剧色彩，但在比赛前一个月，黄强在训练中手腕骨折。队里突然通知胡佳，临时决定由他和田亮配合双人。于是，胡佳从替补成为了正选，这真是一次突如其来的难得机会。那时，胡佳还没在一次世界大赛中夺冠呢，居然就要去参加奥运会了，真是喜从天降！从此，他开始进入人们的视野。

正所谓初生的牛犊不怕虎！17岁的胡佳轻装上阵去了悉尼。在奥运会男子10米跳台双人比赛中，胡佳与田亮获得亚军；后在男子 10 米跳台单人比赛中，他再次获得亚军。说来也怪，这一"亚"就"亚"了好长时间。胡佳在每次重大国际赛事中，总是屈居亚军。直到 2004 年奥运会，胡佳终于走出"千年老二"的阴影，一举夺得男子 10 米跳台金牌。

胡佳登上 10 米跳台

正当胡佳这位"新科状元"沾沾自喜，无比嘚瑟的时候，他却成了中国跳水队的"众矢之的"。被大家"群起而攻之"！这到底是咋回事呢？原来，他在比赛中"玩"得太悬了！

那天比赛结果出来时，本十分贤淑端庄的中国跳水队领队周继红，却像换了一个人似的"气急败坏"地骂道："胡佳这个臭孩子，恨不能踢他！"周继红气不打一处来，"比赛虽然赢了，但不能比成这个样子！真想踢他两脚才解恨！"教练钟少珍边说边摆手，边摇头，也不满弟子的表现："这家伙，真是气死我了！"余俭教练一见到胡佳就冲了过去："你可吓死我们了！"

也难怪教练们发急，胡佳前四跳领先第二名 42 分，但第五跳却出现了不应该的低级失误，先前的巨大优势一下子被何塞夺走，反被古巴选手何塞超了 0.27 分。连见多识广的刘恒林教练也说："这样的比赛，本身就够惊心动魄的了！胡佳的表现着实让大家担心了一把！"所幸的是，最后一跳，对手急于求成，而胡佳没再犯错误，才不至于让这枚到手的金牌"飞"了。

赢是赢了，但赢的过程却让教练们心惊肉跳，让知情者高兴不起来。"赢，也不能这么个赢法！"资深教练余俭话音里多少还有些心有余悸的意味。"好险啊！"事后，胡佳也抚摸着胸口说。

4年前的悉尼奥运会上，在第四跳后依旧保持第一的情况下，胡佳也是在最后一跳却被田亮反超，眼睁睁地看着金牌被队友拿走。这次雅典奥运会，胡佳同样在第四跳后站到第一的位置。不同于悉尼的是，这一次，胡佳没有让到手的金牌"飞"走，而是在第六跳中跳出100.98分的高分，保住了金牌。

　　胡佳16年的跳水生涯，经历了多少挫折，付出了多少艰辛，但他没有退缩，坚持一步一步踏踏实实地走了过来，不负众望地成长起来。为了圆心中的那个冠军梦，胡佳早就在心里立下了一个信念：只有拼，没有退路！

　　2000年，胡佳终于获得了国际泳联跳水大奖赛总决赛男子10米跳台冠军；还获得八运会团体冠军在内的众多重量级国内比赛金牌。2001年，胡佳参加第9届世界游泳锦标赛，获得男子双人10米跳台冠军；同年参加第9届全国运动会获得男子10米跳台亚军。2002年，参加全国跳水锦标赛获男子10米跳台双人冠军、单人亚军，第13届世界杯跳水赛获男子团体冠军。2003年，获得第10届世界游泳锦标赛男子双人10米台第三名。2004年，在国际跳水冠军巡回赛上海站中获得男子10米台冠军，获得第14届世界杯跳水赛男子10米跳台亚军。

　　2004年雅典奥运会的前三个月，胡佳的脚腕韧带在训练中拉伤了，当时脚肿得很厉害。他心想，坏了，不会是韧带断了吧？还好，队医的诊断仅仅是拉伤。胡佳在医生的嘱咐下，卧床休息了两个星期，才逐渐恢复到可以参加一些队内训练了。此时离大奖赛最后一站上海站的比赛还有一周，领队和教练建议："你伤还没全好，最好不要去。"胡佳告诉自己，雅典奥运会前只有这一次大赛能够练兵了，就算单腿跳，我也要去，说什么也不能再错过了。

　　在赛前一个星期，他像疯了一样给自己加量。最后，他打了两针封闭就上场了。整个比赛胡佳都觉得脚腕疼得钻心，可胡佳赢了，那是他记忆中最艰难，最难忘的一次夺冠。胡佳坚信，只要努力，总有一天会成功；只要肯拼，就一定会赢！果然，后来参加雅典奥运会男子10米跳台比赛，21岁的他夺取了10米台冠军，并获得"跳台王子"的美称。

2005年全运会后，胡佳被检查出视网膜严重脱落，并随后进行了手术。2007年，状态不佳的胡佳仍获得曼谷大学生运动会男子10米台冠军。2008年，获得跳水大奖赛马德里站男子10米台冠军。这年的北京奥运会，胡佳打算再塑辉煌时，却未能搭上奥运末班车。最终为了保住眼睛，胡佳不得不于2009年全运会之后宣布退役，转行成为一家环保型公司董事长。他在2012年伦敦奥运会期间，客串担任中央电视台跳水比赛解说嘉宾。2013年9月，他与罗茜结婚，两人将近10年的爱情长跑也修成正果。2020年1月，他当选中国跳水协会副主席。

当神圣的国旗因他在异域的上空升起，庄严的国歌因他在异域的上空回荡的时候，胡佳他们，才是我们国家和民族真正的明星！

编后感
BIANHOUGAN

　　这是一本关于硚口世界冠军的故事集。它以讲故事的形式,向读者介绍了从硚口走出的 15 位世界冠军的成长过程。本书通过曲折的情节、鲜明的形象、风趣的语言,系统阐述了世界冠军是如何炼成的这一主题。通过通俗易懂的文字和图文并茂的形式,增强了该书的可读性和趣味性,从而激发读者的阅读兴趣。我们的初衷是,通过书写硚口"冠军文化",弘扬硚口冠军精神,对广大青少年进行爱国主义、革命英雄主义以及胸怀天下、自强不息、顽强拼搏、敢为人先精神的教育,激励他们争做有梦想、敢追求、勇创新、乐奉献的时代新人。

　　有人这样说过:"偌大的中国,一座城市出一两个体育明星,不足为奇;一座城市,如果出一两个世界冠军,就应该是罕见了;而如果一座城市的一个城区中,走出 15 位世界冠军来,肯定可以称为奇迹。"

　　硚口是一个体育强区,历来十分重视区域内群众性的体育活动,重视学校体育教育和体育人才的从小培养,重视体育场馆和运动场地的建设,重视"冠军摇篮"精神的传承和弘扬,重视体育特色学校建设和体育后备人才的输送,为国家培养了大批的体育新秀。硚口雨后春笋般地冒出了一个又一个的世界冠军,故被誉为"世界冠军之乡"! 1992 年 9 月,武汉市第四中学的体育教师黄仲藩代表硚口区的几百名体育教师赴京。当他走上"全国十佳体育教师"领奖台时，时任国家体委主任的伍绍祖同志紧紧握着黄老师的手，再一次兴奋地说："嘀，硚口区，我知道，那可是'世界冠军的摇篮'啊！"

一个城区，何以能出这么多在世界大赛中金榜题名的体坛风云人物？是因为这里有适宜世界冠军成长的环境，有一批热心体育事业的教练和老师。他们怀着对祖国真挚的热情，怀着为祖国争光的信念，用锲而不舍的毅力，在硚口营造出一方适宜体育拔尖人才脱颖而出的环境，谱就一曲曲曼妙动人的"摇篮曲"，培植出一朵朵举世闻名的体坛奇葩。几代人的汗水和心血，将一批批体育健儿推上人类体育运动的巅峰，为世人称道，令世界瞩目。

编完此书，思索万千，激动良久，感慨颇多。我们试图从历史渊源、文化现象、学校教育、师资培养、群体运动、场馆建设、体校训练、人才选拔和激励机制等方面进行一些探索，发现世界冠军原来是这样炼成的。

一、悠久的体育运动传统是世界冠军成长的源头

硚口区的体育运动具有十分悠久的历史传统。由于区域内有汉江和众多湖泊，是人们开展游泳、划龙舟等体育运动的天然场所。明清时期的端午襄河赛龙舟活动，在《汉口丛谈》中曾有记载："数十人驾一小舟。众桨齐飞，疾如风雨，鼓声人声，与水相应，岸上观者如堵，谓之龙舟竞渡。"民国时期，除此外，民间还经常开展清明踏青、重阳登山和各种棋类、踢毽、放风筝等健身活动。

硚口的学校体育也由来已久。早在晚清民国时期，高、初等小学堂就设有体育课，学校体育活动丰富多彩。清光绪三十二年(1906年)，硚口博学书院(武汉四中前身)陆续建起足球队、田径

队和游泳队。民国二十二年（1933年），博学中学学生足球队在汉口西商跑马场（今解放公园内），以4∶2战胜由英、法、德、日等外国人组成的洋人联队。1934年5月，张学良将军亲自率领东北大学足球队来汉，与博学中学足球队进行了一场高水平的比赛。由此可见，硚口的学校体育活动具有悠久的光荣传统。

二、全民体育运动，是世界冠军成长的沃土

群众体育是竞技体育的基础，是发现体育苗子的重要途径，从而铺就了一条通往竞技高峰的成功之路，谱写了一首首动人的"摇篮曲"！硚口的机关、工厂、学校、医院等单位，充分利用已建和新建的篮球场、足球场、排球场、网球场、游泳池、台球室、乒乓球室等活动场所，经常组织太极拳、棋类、球类、体操、游泳等项目的训练和比赛。社区设有健康广场、健康步道，安装了多套健身器材，新建体育广场、体育公园和青少年户外健身活动中心。长丰乡坚持每三年举办一届"长丰杯"足球赛，组织村民游泳队参加武汉的大型渡江活动，先后被授予"全国亿万农民健身运动先进乡（镇）"和"湖北省体育先进乡"称号。在全区68万人口中，"体育人口"已达33万余人，广大群众热衷体育运动已成为硚口区一道亮丽的风景线。该区连续举办了多届运动会。在参加武汉市第三、四、五、六、七届运动会中，均获团体总分第一、金牌总数第一、奖牌总数第一。硚口区成功举办了武汉市第七届运动会，协办了第六届全国中学生运动会、全国第六届城市运动会，成功举办了第22届世界中学生田径锦标赛。硚口区也被国家评为"全民健身宣传周"活动先进单位。

三、营造"冠军文化",是世界冠军成长的良好氛围

硚口区的体育运动具有深厚的"冠军文化"和浓郁的冠军氛围,十分注重"热爱体育、崇尚冠军"的宣传。在一些学校的荣誉室、宣传栏、走廊、教室内都张贴有硚口世界冠军的照片、生平和成长的故事;在汉正街博物馆、硚口非物质文化遗产展示中心、硚口区档案馆陈列室内,都展示有世界冠军的先进事迹介绍;在宝丰路体育广场、汉江湾江滩公园,都有大型世界冠军的浮雕群像;区域内建有世界冠军韩爱萍羽毛球俱乐部和韩爱萍羽毛球馆;在公开出版发行的《从硚口走出的世界冠军》《硚口之最》《武汉有个汉正街》等书籍中,都介绍了世界冠军的成长史。营造"冠军文化",弘扬冠军精神,让"冠军摇篮"孵化出更多的体育人才。这些年来,硚口培养出的运动员有100多人参加了国际大赛,有15人荣获世界冠军,有17人成为国际运动健将,有国家级裁判员4人,9人获得国家体育运动荣誉奖章。国家体育总局命名硚口区为"全国群众体育先进区"。

四、体育场馆建设,是世界冠军成长的基地

硚口区的体育运动注重体育场馆和体育设施的建设。辖区内兴建大型体育场馆、健身中心20多个,有体育活动场地40多处,还有国家高水平的体育后备人才基地和省优秀运动队后备人才训练基地各1个。2016年落成的汉江湾体育公园,建有3万多平方米的5个全民健身广场。广场内设有12个标准篮球场、8个五人制足球场、6个标准网球场和4个儿童网球训练场、4个标准门球场以及自行车道等运动设施,可惠及周边约30万居民,有力地促进了硚口区的全民健身活动。

硚口区中小学有十一人制足球场地3块、五至七人制场地17

块、其他足球场地42块。区文体局所属足球场、辖区大专院校足球场及社会机构管理的球场达40块。新合村小学足球队为国家队和省队先后输送了55名队员，被评为"全国文体活动先进单位""全国百所先进足球学校"，并获得全国霍英东发展体育基金奖。该校出了很多足球"国脚"，所以也被誉为"'国脚'的摇篮"。全区21所学校和幼儿园成为"全国校园足球特色校"，常年参加足球活动的学生达6万人。硚口区获评"2020年全国青少年校园足球优秀试点县（区）"，2021年又被评为"全国首批足球典型区"。

五、传统项目学校和训练基地，是世界冠军成长的苗圃

从20世纪70年代至今，硚口区大力兴办体育传统项目学校。区政府每年拨专款增设特色项目，培植篮球、足球、乒乓球、羽毛球、游泳等10多个传统项目，培养了大量体育人才。硚口区市级特色传统项目学校达50余所，占全区学校的51.2%，常年坚持业余体育训练的学生发展到8000余人，包括新合村小学足球、体育馆小学摔跤、东方红小学羽毛球和武术、星火小学围棋、六十三中学篮球、武汉四中田径和足球等；有武汉市青少年后备人才训练基地6个，包括乒乓球、摔跤、田径、射击、羽毛球、武术等，为硚口区培养体育人才奠定了基础。

大通巷小学开办的羽毛球训练班配合少年业余体育学校，几十年来，为市业余体校、体育专科学校输送人才100多人，为国家队、湖北队输送韩爱萍、田秉毅、尚幅梅等世界冠军和杨克森、林书惠、孙斌等24名优秀运动员。湖北省羽毛球队一度有80%的队员启蒙于大通巷小学，国家体委选定该校为重点开展羽毛球运动的学校。武汉四中已为高等院校培养出125名体育人才，3次被评为

"全国培养优秀体育后备人才先进试点学校"。硚口区也被评为"2020年全国青少年校园足球优秀试点区"。

崇仁路小学与省体工三大队业余体校建立长期合作伙伴关系，利用他们的场地、设施及师资力量，开展游泳、体操、跳水、羽毛球等传统体育项目的训练，常年在训学生达100多人。目前，该校已培养输送了560余名体育后备人才，从学校走出了高崚、刘黎敏、韩晶娜等世界冠军。该校荣获"全国体育传统项目先进单位"等荣誉称号。同时，该校也承担了这些体育苗子的文化课教育，让他们边读书，边训练，解决了教练、家长的后顾之忧，走出了一条体教结合的成功之路。

1972年，成立了硚口区业余体校，创建了硚口区体育后备人才基地。硚口区联合社会力量开办各种体育运动学校10所，在训学生500人，训练项目由武术、举重、乒乓球等8项增加到15项。该校为国家、省、市专业队和重点体育院校输送了800多名优秀体育人才，其中有韩爱萍、田秉毅、陈静等世界冠军。硚口区业余体校被评为"全国先进业余体育运动学校"，连续八年获得"湖北省先进学校""输送人才先进单位"等荣誉称号，并获"省输送体育人才贡献奖"。

六、老师和教练，是世界冠军成长的"伯乐"

在世界冠军成长的道路上，有一批批默默无闻、甘作铺路石的教师、教练。他们从小培养孩子的体育兴趣，成为领路人。无论是酷暑严寒，无论在教室还是在训练场上，他们都为浇灌体育幼苗倾注了全部心血，为攀登奥林匹克之巅，洒下了一路汗水。在默默无闻的奉献中如同伯乐相马，培育出一个个体育顶尖人才，用爱心编写了无数动人的故事。陈福成老师和吴立果教练就是他们中的代表。

　　硚口区大通巷小学的体育老师陈福成，是20世纪50年代归国的华侨，被分配到大通巷小学后，在学校组建了一支羽毛球队。他对学生、对事业爱得深沉，爱得执着：妻子患了胆结石疼痛不止，他也顾不上问候一声；自己发高烧39℃也不休息。他的身体日渐虚弱，可他对羽毛球事业的热情却有增无减。在他培育的羽毛球幼苗中，有25名队员进入了湖北省羽毛球队，造就了像韩爱萍、田秉毅、尚幅梅这样一批优秀的世界冠军。然而，他却被无情的癌症夺走了生命。陈福成留给妻子的临终遗言，竟是"给我换一套崭新的运动服，手上放一副新球拍和一枚新羽毛球"！时至今日，只要提起这位世界冠军的启蒙教练陈福成，人们依然充满由衷的钦佩和深深的怀念……

　　被人们尊称为"全天候教练"的吴立果，在硚口区体育战线默默耕耘了20多年。他转业到业余体校后的第一件事，就是开办乒乓球训练班。他挑选的第一名小队员就是陈静。为实现自己的梦想，他离家别子，顾不上卧病在床的岳母和一双孪生女儿而忘我工作。往往是一个人对20多个人的训练，每天胳膊和腿肚子酸胀得难以忍受。多年来，他结合实践写下了10多本训练笔记和训练计划，用辛勤的汗水浇开了鲜艳夺目的"乒乓之花"。业余体校的乒乓球队员们22次获得全国、省、市乒乓球比赛冠军，还把陈静等20多名小运动员输送到国家队和省市专业队。吴立果胸前挂着的那枚"中华人民共和国一级体育教练"勋章，就是对这位默默奉献者辛勤耕耘的最高奖赏。

七、家人的支持，是世界冠军成长的铺路石

　　都说父母是孩子的第一任老师，这话一点不假。家庭，是世

冠军成长的摇篮；家人的支持和鼓励，是体育人才脱颖而出的坚强后盾。许多可敬的父母甘愿成为孩子通向体育巅峰的铺路石，他们为此付出了毕生的心血和汗水，用爱心编写了无数动人的教子故事。

蝉联三届奥运会女子跳水冠军、屡创世界跳水纪录的伏明霞就有这样终生难忘的记忆。当她的父亲伏宜君第一次将她带到水池边时，7岁的小明霞望着水池怕得发愣。伏宜君联想起武汉水患的历史，对女儿说："霞霞，不要怕，学会了游泳，发大水的时候，就淹不死了。"就这样，他凭着多次横渡长江的经验，一个星期下来，终于使女儿成了泳池中的"白天鹅"。在女儿被选进专业队之前的700多天里，每天清晨，他都要先推着自行车陪女儿长跑，下午再骑车接女儿回家，周而复始，无怨无悔……

童安华和匡美琴是跳水冠军童辉的父母。儿子由学体操改学跳水以后，夫妇俩经常鼓励小童辉要放下包袱勤学苦练，努力学会为国争光的本领。正是这些爱心和教诲，让儿子迈出了通向世界冠军奖台的第一步……

尚佐旭和郭云霞是尚幅梅的父母，为了既不影响女儿练长跑和参加羽毛球训练，又能让她多睡一会觉，在女儿进专业队前的三年多时间里，每天清晨的4点半，夫妇俩轮流当起女儿的"闹钟"……

乔大友是乔红的父亲，当女儿练球时，他就站在一旁看球、捡球。练完球回家，乔红趴在桌上做作业，他就陪在女儿身边，在女儿进入专业队前，天天如此，从不懈怠……

高崚的父亲是高崚的"家庭教练"，高爸从小就给女儿制订了详尽的训练、学习作息时间表，把她的每一天都安排得满满的。高崚每长大一岁，高爸的"教案"就会"深奥"一层。无论女儿在业余体校，还是在省体校，高爸总会去陪伴女儿，直到高崚训练完毕，吃了饭，做完作业，睡下了才安心离开。后来高崚进入国家队，高爸又经常往北京跑，夫妻俩每年都要到北京陪伴女儿过春节。后来夫妻俩干脆常驻北京，组成"护卫二人组"，全程照料高崚的生活起居。高崚喜欢吃武汉的剥皮鱼和藕带等，高峰就每隔一段时间返回武汉，然后大包小包地带到北京。这是何等的父爱母慈哦！

冠军的孩提时代虽然充满了训练的艰苦，但也是幸福的，因为在家里有父母全心的呵护和疼爱。

八、自强不息，是世界冠军成长的内在动力

在每一个成功的世界冠军背后，都有一个个可歌可泣的故事。其成功秘诀，也是与他们自强不息的内在动力分不开的。因为他们都有浓郁的爱国之情，因为他们都有远大的报国之志，因为他们都有刻苦训练、奋力拼搏的精神，因为他们都有自强不息、勇立潮头的勇气，所以他们在参加国际重大比赛中才能取得举世瞩目的成绩，为中国人民争了光，也让硚口人露了脸，更让硚口这个汉口最古老的城区，走向新的辉煌……这，或许就是体育运动的精髓。

后 记

当写完此书时,我们有一种如释重负的感觉。这本书历时两年,几易其稿。其间我们查阅了大量体育冠军的相关文献资料,走访了众多体育冠军培训的基地和校园,采访了一些培养体育冠军的教学名师和冠军本人,希望通过这种方式,全面深入挖掘冠军背后的成长故事。

在写作过程中我们曾一度茫然,有时会感觉素材不够完整、思维不够缜密,有时会感觉语言不够生动、逻辑不够严谨,总是觉得写作该书困难重重。每当这个时候,我们的脑海里都会浮现韩爱萍、童辉、田秉毅等这些冠军们努力训练的画面。他们看起来那么普通,身上却散发着常人难以企及的坚韧、勤奋和不达目的不罢休的执着。在他们身上我们看到了勤奋好学的奋斗精神,感受到了精益求精的工匠精神和超越自我、永无止境的挑战精神。这些闪烁着光芒的冠军精神焕起我们继续前行的激情,最终鼓励着我们克服了写作中的重重困难,完成了《世界冠军是怎样炼成的——硚口世界冠军成长故事》这本书。该书圆了冠军的梦,也圆了我们的梦。

当你读完这本书的时候,也许会被他们的努力、执着、坚韧、勤奋、乐观、自信的精神所震撼,也会为他们的奋斗而感动,为他们的成功而喜悦,为他们的奉献所折服。当然,每一个成功的世界冠军都不是孤军奋战,背后都有许多强大的力量在为他们做支撑、做服务、做贡献。包括优秀的体育传统、优质的成长沃土、浓厚的冠军氛围、谆谆的教师教诲、辛勤的教练训导、无私的父母奉献……这些都是他们奋发有为的坚强后盾，助推着一代代的优秀儿女走向舞台、走向世界、走向冠军之路。

近年来，硚口区关心下一代工作委员会根据省、市关工委的工作宗旨和目标任务，结合硚口区的特点，拟组织编写一套丛书，为中小学生提供丰富的课外读物和精神食粮，让他们从小崇拜英雄人物，崇拜世界冠军，从而进一步了解区情，熟悉硚口历史，知晓硚口文化，讲好硚口故事，弘扬硚口传统，宣传硚口精神，凝聚硚口力量，从而使广大青少年更加热爱硚口、关心硚口，成为将来建设、发展硚口的后备生力军。

最后，我们想说，每一本书的出版同样也离不开大家的共同努力。这本涉及到众多体育冠军故事的书籍，更是得到省、市、区关工委和硚口区委的高度重视，得到江汉大学体院、美院和硚口区文体局、教育局、档案局、团委和湖北省山东商会关心下一代工作委员会的大力支持，以及陈诗婕、刘婷老师，还有社会各界人士的积极参与和鼓励。尤其是何祚欢、孟庆星老师，在百忙之中为本书作序和题写书名，甚为感动。作为作者，我们深深地感谢所有为这本书的出版作出贡献的朋友。

尽管本书经过多次推敲、修改，但由于个人水平和认知有限，文中可能还存在诸多错误或不足之处，为此，我们愿意求教于大家。

(鄂)新登字08号

图书在版编目(CIP)数据

世界冠军是怎样炼成的:硚口世界冠军成长故事/国威,李仁惠编著.—武汉:武汉出版社,2023.8

(青少年人文素质教育丛书)

ISBN 978-7-5582-6092-6

Ⅰ.①世… Ⅱ.①国…②李… Ⅲ.①体育工作者—事迹—硚口区—现代—青少年读物 Ⅳ.①K825.47-49

中国国家版本馆CIP数据核字(2023)第099612号

编　　著:国　威　李仁惠	
责任编辑:李　俊	
封面设计:黄　璇	
出　　版:武汉出版社	
社　　址:武汉市江岸区兴业路136号	邮　　编:430014
电　　话:(027)85606403　85600625	
http://www.whcbs.com　E-mail:whcbszbs@163.com	
印　　刷:武汉鑫佳捷印务有限公司	经　　销:新华书店
开　　本:787 mm×1092 mm　1/16	
印　　张:13　字　　数:280千字　插　　页:4	
版　　次:2023年8月第1版　2023年8月第1次印刷	
定　　价:98.00元	

关注阅读武汉
共享武汉阅读

版权所有·翻印必究
如有质量问题,由本社负责调换。